반려식물과 함께 하는 행복한 일상

그린썸의 홈 가드닝
꼼꼼 안내서

지식공감

그린썸의 홈 가드닝
꼼꼼 안내서

김정민 지음

【일러두기】

▶ 본서의 식물명은 국립국어원의 외래어 표기를 최대한 준수하되, 아직 표기 규정에 올라 있지 않은 경우, 통상적으로 가장 많이 알려진 식물명 표기에 따랐음을 밝혀 둡니다.

▶ 격조사 '~에게': 보통 사람이나 동물 등에 붙이지만, 이 책에서는 식물도 반려동물만큼 소중한 대상으로 바라보며 '~에게'를 사용하기로 합니다.

PROLOGUE

　병원에 가면 의사가 환자의 아픈 부위를 자세히 살피며 진찰을 하고, 환자에게 여러 가지를 물어보고 필요한 검사를 하지요. 우리 집 식물에 이상 증세가 생겼다면? 식물이 지내 온 환경– 하루 중 햇빛은 얼마나 받았고, 물은 언제·얼마나·어떻게 주었는지, 분갈이는 언제 했는지, 분갈이했다면 흙은 어떤 것을 썼는지, 어떤 화분에 살고 있는지, 최근의 변화 등–은 그 누구도 아닌 보호자인 나 자신이 제일 잘 알고 있습니다. 그렇기에 식물의 혈색을 살피고, 무엇이 문제인지 진찰하여 처방까지 할 수 있으면 제일 좋겠지요.

　하지만 하루아침에 그런 능력을 갖춘 그린썸*으로 거듭나기는 불가능합니다. 실패만 한 인생의 특효약은 없지요. 인생의 끝이라고 믿어 의심치 않았던 지점이 사실은 다른 방향으로 나아가는 길의 한 분기점에 불과할 수 있는 것이 인생입니다.

　실내에서 곱게 자라온 식물에 비해 야외에서 뜨거운 햇빛과 비바람을 맞아가며 자란 식물은 웬만한 비바람엔 끄떡도 하지 않을 정도로 목대가 굵고 튼튼해집니다. 그리고 더 많고 화려한 꽃을 피우며 열매를 맺습니다. 식물을 가꾸는 일은 우리 삶과 닮은 점이 참 많습니다. 폭풍이 인생을 더 강하게 하듯이 가드닝에서도

---

* green thumb : 초록 엄지, 초록손가락이란 뜻으로 원예의 재능이 있는 식물을 잘 기르는 사람을 지칭합니다.

여러 번의 실패만큼 좋은 약은 없습니다. '내 손에만 오면 식물이 죽어요.' 식물 저승사자라고 불리는 사람들도 사실 그린썸과는 종이 한 장 차이일 수 있습니다.
 '물주기 3년'이라는 말이 있어요. 식물을 키우면서 이렇게도 해보고 저렇게도 해보며 죽여도 보고 살려도 보며 3년의 세월을 채워나가면 결국 식물 키우기의 감각을 얻게 되는 것이죠. 여기에 모든 길의 입구인 독서! 좋은 가드닝 책으로 기초 지식을 단단히 다진다면?! 식물 저승사자의 블랙홀에서 더 빨리 빠져나오게 될 겁니다. 이 책이 여러분에게 그 디딤돌의 역할을 할 수 있다면-초보 가드너들이 좀 더 쉽게 가드닝을 하실 수 있게 조금이나마 도움을 드릴 수 있다면-제겐 정말 큰 기쁨이 될 것 같습니다.
 자신이 경험해보고 정말 좋았던 것은 주변 사람들에게 자꾸만 추천하고 싶지요. 저도 그렇습니다. 여러분, 저와 함께 식물 키워보실래요? 얼마나 좋은지 몰라요.

목차

PROLOGUE ·· 06
식물의 매력에 빠지다 ·· 10
식물과 인생의 닮은 꼴 ·· 16
식물의 공기정화 시스템 ·· 18

제1장 실내식물 재배 가이드

물주기 ·· 22 | 습도 ·· 31 | 햇빛 ·· 33
온도 ·· 43 | 통풍 ·· 47 | 분갈이 ·· 49
여러 가지 용토 ·· 57 | 화분 ·· 65 | 병충해 예방 ·· 70
해충 ·· 77 | 병해 ·· 85 | 비료 ·· 89
가지치기 ·· 99 | 번식 ·· 103
여행 시 실내 식물 관리 ·· 110
잎이 처지고 노랗게 되는 이유 ·· 114
가드닝 도구 ·· 119

제2장 실내 관엽식물

스킨답서스 ·· 124 | 몬스테라 ·· 126 | 스파티필름 ·· 128
싱고니움 ·· 130 | 테이블야자 ·· 132
필레아 페페로미오이데스 ·· 134 | 호야 ·· 136
보스턴고사리 ·· 138 | 아라우카리아 ·· 140
홍콩야자 ·· 142 | 필로덴드론 ·· 144
뮤렌베키아 (트리안) ·· 146 | 페페로미아 ·· 149
달개비 ·· 151 | 행잉식물 ·· 153 | 아스파라거스 ·· 157
고무나무 ·· 159 | 마란타 ·· 161 | 아레카야자 ·· 163
헤데라 (아이비) ·· 165 | 휴케라 ·· 168

알로카시아 ·· 170 | 안스리움 ·· 176 | 파키라 ·· 179
칼라디움 ·· 182 | 포인세티아 ·· 184 | 소포라 ·· 186
율마 ·· 189 | 베고니아 ·· 193

제3장 실내에서 꽃을 즐기다

펠라고늄 ·· 198 | 아잘레아 ·· 207 | 양골담초 ·· 209
시클라멘 ·· 211 | 서향 ·· 214 | 호주매화 ·· 216
동백 ·· 219 | 옥살리스 (사랑초) ·· 222 | 튤립 ·· 226
히아신스 ·· 232

제4장 다육식물 재배 가이드

다육식물은? ·· 236 | 다육식물 고르는 팁 ·· 238
다육식물에 적합한 흙 ·· 239 | 다육식물 분갈이 ·· 240
계절별 관리 ·· 241 | 번식 ·· 246

제5장 키우기 쉬운 다육식물

산세베리아 ·· 250 | 칼랑코에 ·· 253 | 선인장 ·· 257
게발선인장 ·· 259 | 염자 (크라슐라속) ·· 261
녹영 (세네이오속) ·· 265 | 러브체인 (세로페기아속) ·· 267
알로에 (알로에속) ·· 269 | 에케베리아속 ·· 270
파키피툼속 ·· 273 | 하월시아속 ·· 274
코노피툼속 ·· 276 | 리톱스속 ·· 278

| 이럴 땐 이런 식물 ·· 281

○○ 식물의 매력에 빠지다

유년 시절을 떠올려보면 제 키보다 큰 코스모스밭 사이를 뛰어다니던 기억, 여름이면 동네 아이들과 우르르 냇가로 몰려가 물놀이하고 풀밭에서 곤충을 잡던 기억, 주말이면 아버지, 오빠와 함께 뒷산 밤나무골에 가서 놀다 오던 기억들이 제일 먼저 떠오릅니다.

10여 년 전, 집들이 선물로 식물-빨간 꽃이 피어있는 안스리움과 그 곁에 장식된 작은 테이블야자-을 선물 받았습니다. 결혼과 동시에 남편 외에는 아는 이 하나 없는 낯선 지역으로 오게 되었는데, 퇴근 후 집에 오면 초록 생명체가 늘 저를 반겨주는 것 같은 느낌이 들어 좋았습니다. 그때부터입니다. 식물을 내 돈 주고 사기 시작한 건.

그 무렵 제 뱃속에도 생명체가 꼬물거렸습니다. 식물 키우기는 태교에도 아주 좋았지요. 아이가 태어났고 길고 긴 육아의 터널로 들어갔습니다. 너무나 예민하고 아토피까지 있던 첫째는 제게 잠시의 자유 시간도 허락하지 않았어요. 베란다에는 물을 오래 안 줘도 잘 버티는 식물들만 근근이 생명을 유지하고 있었고, 마트에 갈 때면 눈에 들어오는 식물을 하나씩 집어왔어요. 처음 사 온 갈색 플라스틱 화분째로 지내다 죽으면 그 자리는 다른 신상 식물들로 채워졌지요. 만 원의 행복! 그 당시에도 만원이면 작은 식물 3~5개는 살 수 있었어요.

아이는 엄마의 행동을 똑같이 따라 했습니다. 조그맣고 오동통한 손으로 식물을 쓰다듬으며 대화하는 모습이, 바지가 내려간 것도 모른 채 자기 젖병에 물을 채워 식물에 뿌려주는 모습이 얼마나 사랑스럽고 귀여운지!

그렇게 아이 둘을 키우며 이제 좀 살만하다 할 때쯤, 전 사고로 크게 다치게 되

었어요. 엎친 데 덮친 격으로 그동안 건강하다며 자부하고 살았던 몸의 여러 부분에서 적신호들을 보내왔습니다. 석 달을 누워지내며 처음으로 진지하게 삶과 죽음, 인생에 대해 깊이 생각해보게 되었지요.

그 당시, 나의 첫 식물-테이블 야자-에도 빨간불이 켜졌습니다. (메인이었던 안스리움은 선물 받은지 얼마 지나지 않아 금세 죽었음) 주먹만 했던 테이블야자는 몇 배로 커져 있었는데, 몇 달간 신경을 못 써준 탓에 해충 맛집이 되어 있었습니다. 일일이 벌레들을 잡고 잎을 닦아주다가 자포자기의 심정으로 밑동만 남기고 잎을 모조리 삭발해버렸습니다. 긴 육아 터널을 함께하며 꿋꿋이 자라온 나의 첫 식물의 초라한 결말! 볼품없는 모습이 마치 내 모습 같아서 마음이 썩 좋지 않았습니다.

그러던 어느 날, 죽었다고 생각한 테이블 야자가 뾰쪽한 새잎을 올리고 힘차게 펼치는 게 아니겠어요? 그동안은 너무나 당연하게 지나친 장면이 그 순간 얼마나 낯설고 새롭게 느껴지는지… 온몸에 전율이 일었습니다. 부채처럼 펼쳐지는 연두 이파리가 얼마나 예쁜지, 또 햇빛은 얼마나 밝고 따사로운지…. 한참을 그 앞에 앉아있었습니다.

그때 살아남아서 지금까지 제 곁에 있는 테이블야자는 이제 대품이 되었습니다.

오랫동안 당연하다고 생각해왔던 익숙한 것들-건강, 가정, 자녀, 직장, 돈, 오늘 하루-, 새롭게 바라보니 그 어느 것 하나 당연한 게 없었습니다. 내가 누리고 있는 모든 것들이 거저 받은 선물이었습니다. 그 후로는 식물의 세세한 부분까지도 눈에 들어오기 시작했고 궁금한 것이 너무나 많아졌습니다.

저는 여태껏 살면서 어떤 대상에 푹 빠져본 적이 없었어요. 학창시절 친구들이 연예인에 환호할 때도 별 관심 없었고 성인이 되어 연애를 할 때도 미온적이었지요. 참 재미없게 살았구나 싶지만, 믿는 구석(신앙)이 있고 워낙에 낙천적인 성격이라 힘든 일이 있어도 감정의 큰 기복없이 즐겁게 지냈던 것 같아요. 그렇게 삼십여 년을 살다가 처음으로 미치도록 좋은 게 생긴 겁니다.

'와, 한순간 사랑에 푹 빠지면 이런 기분이구나!'

어떤 대상에 깊이 파고들거나 빠지는 것을 몰입이라고 하지요. 푹 빠져서 하다 보면 시간 가는 줄 모르고, 몸은 비록 힘들지라도 정신적으로는 충만하고 스트레스가 다 풀린 상태. 저에겐 가드닝이 그렇습니다.

마음 어지러운 일이 있을 때 잠시 멈추고 긴장을 완전히 풀어놓을 수 있는 대상이 있다는 것. 하루 중 잠시라도 이토록 다양하고 아름다운 식물들로 눈과 마음을 정화할 수 있다는 것이 얼마나 행복하고 감사한지!

싹이 트고 어린잎이 점점 커지는 모습, 꽃봉오리가 서서히 부풀어 오르다가 꽃잎이 팡 터지는 모습…. 계절의 변화에 따라 실내 정원은 다채롭게 변화해요. 식물과 함께 살아가며 경험하는 모든 것이 제겐 설렘이고 감동이었습니다. 아직도 아침에 일어나 베란다 정원 문을 열 때면 선물상자를 여는 기분입니다.

알테르난테라피코이데아
정말 어울리지 않을 것 같은 두 색깔이 자연의 물감으로는 찰떡같은 조화를 이룹니다.

본래 인간의 본성은 자연을 가까이 두고 싶어 합니다. 시멘트, 콘크리트로 둘러싸인 답답한 실내에서 지내는 시간이 많아질수록 더욱더 자연을 느끼고 싶어 하고 그리워하지요. 꽃길을 걸으면 기분이 좋아지고, 산림욕을 하면 마음이 편안해지는 경험은 누구나 있을 거예요. 인간은 초록 식물을 보기만 해도 뇌 속의 알파파가 증가해서 마음이 안정되고 기억력, 집중력이 향상된다고 합니다. 어디 그뿐인가요? 식물은 공기청정기, 가습기, 산소제조기, 인테리어가 될 뿐 아니라, 번식해서 나누는 기쁨도 누리고, 분양을 통해 용돈도 벌 수 있어요.

제가 식물 키우기에 흠뻑 빠지고 나서 변한 것이 있다면….

계절의 변화·태양의 고도·일기 예보에 아주 민감해진 것, 햇빛 한 줌, 바람 한 자락, 빗물 한 바가지, 뿌리 하나, 풀잎 하나에도 큰 행복을 느끼고 감사하는 것, 벌레가 나와도 기겁하지 않고 뇌보다 손이 먼저 움직이는 것, 손톱이나 몸 어딘가엔 늘상 흙이 묻어있는 것, 이전보다 지구를 조금 더 생각하게 된 것, 집이 수백 개의 식물로 가득 찬 것, 훨씬 더 부지런히 움직이는 것!

저희집에 온 손님들은 하나같이 입을 쩍 벌립니다. 처음 오신 분들은 "화원 하시냐?", "식물 관련 직업이냐?"란 질문을 제일 먼저 합니다.

다른 직업이 있고, 취미로 가드닝한다고 대답하면 이어지는 질문은 거의 동일하지요.

'일하면서 이렇게 많은 식물을 어찌 관리하느냐?'

맞는 말입니다. 직장을 다니면서 이 많은 식물을 관리하고, 두 아이의 엄마의 역할도 감당하며 간간이 유튜브 영상을 찍고 편집까지 하려면 최소한 집안일을 해주는 사람이 있거나 그게 아니라면 몸이 두 개인 것처럼 심하게 부지런해야 합니다. 최근 몇 년간을 돌아보면 늘 시간을 쪼개어 쓰면서 허투루 보낸 적이 거의 없었어요. 정말 식물에 미쳐 있었군요. 저를 전폭적으로 지지해주고 퇴근 후엔 집안일과 육아를 맡아주는 남편 덕분에 가능했습니다. (여보, 진심으로 사랑하고 존경합니다!)

그동안 저의 식물 욕심이 지나쳤던 것 같아요. 제가 갑자기 일주일이라도 집을 비우게 되면 큰일 나는 식물 상전들이 너무 많네요. 책을 다 쓰면 식물 다이어트에 돌입해야겠습니다.

○○ 식물과 인생의 닮은 꼴

사실 제가 식물에 미치기까지는 저희 아들이 상당 부분 일조를 했습니다. 아주 예민한 성향의 아이라 정말 키우기 쉽지 않았거든요. 아들을 키우며 힘들 때, 속이 터질 때, 입에서 불을 내뿜는 사자로 변신하기 직전, 얼른 식물을 보러 가면 점차 마음이 차분해지고 안정되는 것을 느낄 수 있었어요. 스스로 반성도 하며 인생의 교훈과 육아의 깨달음까지 얻을 지경이었지요.

세상엔 천차만별의 수많은 식물들이 있고, 잘 자라는 환경도 제각각입니다. 어느 환경에서나 무난하게 적응하며 물을 오래 말려도 목마르다고 닦달하지 않는 순둥순둥하고 수월한 '나 같은' 식물이 있는가 하면, 까칠하고 예민해서 변화에 적응하기 힘들어하고, 원하는 것을 당최 맞춰주기 힘든 '그 같은' 식물도 있습니다. 달라도 너무 달라요.(혹시 떠오르는 누군가가 있으신지?)

그런데 내게는 너무 예민하고 까다로웠던 식물이 그 자생지로 가게 된다면 어떨까요…? 주위의 별다른 도움 없이도 그 누구보다 멋지게 자랄 거예요. 내 스타일과 달랐을 뿐이지, 틀린 게 아니었던 거죠. 남들은 쉽다고 하는데 도대체 무슨 이유인지 내 손에만 오면 죽는, 어려운 식물이 바로 그런 케이스가 아닐까 싶어요.

어떤 식물은 베란다에서 추운 겨울을 겪어야 꽃봉오리가 맺히고, 해가 짧아지고 어둠이 길어지면 그제야 꽃을 만드는 식물이 있어요. 그런 식물을 겨울 동안 따스한 거실에 두고 밤까지 빛을 보게 한다면 꽃을 피우지 않습니다. 뙤약볕이 내리쬐는 건조한 기후에다 물 빠짐이 좋은 흙에서 사는 사막 식물은 비옥한 흙에서 물을 자주 주면 뿌리가 까맣게 썩습니다.

한날한시에 모든 식물이 꽃을 피울 수는 없지요. 식물마다 각자의 시간표가 다르기 때문에 성장하는 속도도 제각각입니다. 사람도 마찬가지입니다. 누구누구네 집 아이가 먼저 꽃 피운다고 비교하며 부러워할 것 없습니다. 조급해하지 않아도 때가 되면 내 아이도 자신만의 꽃을 피우게 될 테니까요. 그때까지 저는 사랑과 믿음이 충만한 가드너로서 아이에 맞게 아이꽃을 돌봅니다.

식물은 모든 영양분이 차고 넘칠 때보다 부족할 때 더 화려하고 예쁜 꽃을 피웁니다. 식물도 아이도 너무 가까이서 안달복달하기보다는 조금 거리를 두고 지켜보는 것이, 믿고 기다려 주는 것이 필요할 수 있어요. 너무 가깝지도, 너무 멀지도 않은 적절한 거리를 유지하는 것. 밀고 당기며 썸을 타는 것.

스테파니아 노바
고구마처럼 생긴 아프리카 괴근식물로 추운 겨울 동안 잎을 다 떨구고 휴면하다가 따스한 봄이 오면 다시 잎을 올립니다. 하지만 겨울에도 따뜻한 온도와 강한 빛을 계속 유지해주면 계속 성장하지요. 추운 베란다에서 겨울잠을 잘 동안은 물주기를 그만두고 햇빛만 잘 보여주는 것이 좋습니다.

○○ 식물의 공기정화 시스템

실내 공기정화식물을 말할 때는 꼭 '나사(NASA)' 이야기가 나옵니다. 유튜브 초기 영상에 '나사에서 선정한 공기정화식물'이라고 몇 번 소개했더니 "그놈의 나사" 하시는 분도 있었어요. 여기저기서 얼마나 많이 들었으면…. 지겨우실 때도 됐지요.

그런데 미국항공우주국(NASA)과 식물은 무슨 연관이 있을까요?

폐쇄된 우주선과 우주 기지 안의 공기 질은 아주 심각했는데, 이런 곳에서 사람이 어떻게 살 것인가가 큰 문제였습니다. 그 해결책이 바로 식물이었지요. 1980년 NASA의 우주 센터에서는 식물이 밀폐된 실험실의 휘발성 유기화합물질을 제거한다는 사실을 처음으로 알아냈고, 그 이후 실내에서 유해한 화학 물질들을 제거하는 식물의 능력이 꾸준히 증명되었습니다.

특히 '포름알데히드'가 실내 공기의 가장 일반적인 독소이기 때문에 이 물질을 제거하는 능력이 식물들의 순위를 매기는 기준이 되었어요. 빌딩증후군·새집증후군의 주요 원인이 되는 포름알데히드는 각종 건축 자재, 접착제, 마감재, 살균제, 소독제, 페인트, 가구, 화학제품, 화장품, 합성 섬유, 플라스틱 등 너무나 많은 곳에서 뿜어져 나옵니다. 요리할 때도 일산화탄소, 이산화탄소, 미세먼지, 포름알데히드 등이 발생하고, 심지어 사람이 호흡하면서도 실내 공기를 오염시키지요.

제일 좋은 방법은 하루 수 차례 30분 이상 창문을 열고 환기를 시키는 것입니다. 그런데 요즘은 미세먼지 주의보로 창문도 마음 놓고 못 열어둘 때가 많지요. 그 때문에 공기정화식물이 더욱 급부상하게 되었습니다. 그래도 주기적인 환기는 꼭 필요합니다. 밀폐된 실내 공기질은 바깥보다 더 안 좋아진다고 하니까요.

식물은 공기 중에 떠다니는 곰팡이, 미생물, 박테리아를 억제하는 물질을 방출

합니다. 광합성과 증산 작용을 통해 산소와 수증기도 공기 중으로 내보내지요.

최근에 우리나라 농촌진흥청에서도 흥미로운 연구가 있었습니다. 밀폐된 공간에 식물들과 초미세먼지를 투입하고, 4시간 후 초미세먼지 농도를 측정하는 실험이었는데요. 20㎡ 면적(약 6평)의 거실에 화분 3~5개를 두면, 4시간 동안 초미세먼지를 20% 가량 줄일 수 있다는 것이었습니다. 식물에 의해 4시간 동안 줄어든 초미세먼지 양은 1위 파키라(155.8$\mu g/m^3$), 2위 백량금(142.0), 3위 멕시코소철(140.4), 4위 박쥐란(133.6), 5위 율마(111.5)였습니다.

식물이 미세먼지를 어떻게 없앨까요?

첫 번째로는 잎 표면의 왁스층이나 털에 달라붙습니다.

두 번째로는 잎 뒷면의 기공 속으로 흡수됩니다. 식물의 기공은 20μm(마이크로미터)정도라서 10μm의 미세먼지나 2.5μm 이하의 초미세먼지는 기공으로 충분히 흡수되지요. 이때 미세먼지에 붙은 포름알데히드 등의 휘발성 유기화합물질들도 같이 흡수됩니다. 이는 식물의 대사 작용에 의해 식물의 뿌리 부분으로 이동하고 뿌리 근처 미생물의 먹이가 되어 분해됩니다.

세 번째로는 식물에서 발생하는 음이온에 양이온을 띤 미세먼지가 달라붙습니다. 입자가 무거워지면 바닥으로 가라앉아 공기 중 미세먼지를 줄이게 되는 것입니다. 바닥 청소도 잘해야겠네요. 실제로 숲이 있는 곳의 미세먼지 농도는 도심보다 평균 26%, 초미세먼지 농도는 평균 41%가 낮게 나타난다고 합니다.

혹자는 식물의 공기정화 효과를 체감하려면 실내 면적의 5~10%는 식물이 있어야 한다고 합니다만, 식물이 아예 없는 것보다는 몇 개라도 있으면 공기질은 더 낫겠지요. 그리고 비록 작은 실내 정원이라 할지라도 마음 오염물질을 정화하기엔 충분합니다.

제1장

실내식물 재배 가이드

○○ 물주기

유튜브 "바로가기" QR ◀

| 식물 사망원인 1위는 과습

　식물이 죽게 되면 대부분의 사람들은 물을 주지 않아서 죽었다고 생각합니다. 하지만 통계적으로 보면 실내식물 사망원인 1위는 오히려 과습으로 인한 것입니다. 흙 사이 사이에는 공간(공극)이 있습니다. 그 공간을 뿌리가 뻗어나가며 물과 영양분을 흡수하고 호흡을 합니다. 그런데 그 공간이 물로 계속 가득 차 있게 되면 뿌리는 호흡을 하지 못하고 질식 상태가 되어 버리죠. 결국 뿌리가 썩고, 식물의 줄기나 잎에도 이상이 생깁니다. 식물에게 필요한 양보다 과도하게 너무 자주, 너무 많이 물을 준 탓이죠.

　반대로 물주기를 자꾸 잊어버려 흙을 가뭄 상태로 너무 바짝 말린다면, 잔뿌리들이 견디지 못하고 말라 버릴 수 있습니다. 뒤늦게 물을 듬뿍 줘도 물을 흡수할 수 있는 잔뿌리들이 없는 상태라 식물은 물을 흡수하지 못하고, 흙은 계속 축축한 상태로 있으며, 식물은 시들해집니다. 분명 물을 줬는데도 식물은 사흘 동안 피죽 한 그릇 못 얻어먹은 죽상을 하고 있는 거죠.

　가드닝에서는 물주기가 가장 기본입니다. 지식뿐 아니라 경험도 반드시 필요합니다. 식물별로 주의할 사항을 잘 알고 경험치를 늘려간다면, 그리하여 물만 제대로 준다면 식물은 쉽게 죽지 않습니다.

Q. 언제 식물에게 물을 주어야 할까요?
▶ 흙이 말랐을 때! 맑은 날 오전!

저는 대부분의 실내 관엽식물들은 화분 속흙까지 거의 말라갈 때, 화분을 들면 많이 가벼워졌을 때 물을 줍니다. 흔히들 봄에서 가을까지는 겉흙이 마르면 물을 주고, 겨울에는 물 주는 횟수를 줄여 흙을 건조하게 관리하라고 합니다. '겉흙이 말랐을 때'란 것이 어느 정도까지일까요? 눈으로 보이는 화분 상단 흙이 말라 있는 상태입니다. 흙의 윗부분을 손으로 파봤을 때 흙이 젖어있고 촉촉함이 느껴진다면 물을 주지 않습니다.

저는 물을 아주 좋아하는 식물이 아니고서는 화분 흙의 2/3 이상은 충분히 말랐을 때 물을 줍니다. 겨울 동안 춥게 지내는 베란다 식물은 속흙까지 다 마르면 물을 줍니다. 대개 흙은 화분 위→아래, 화분 중심(뿌리)→화분 가장자리 순으로 마릅니다.

겉흙이 말라 있고, 잎이 힘없이 축 처지거나 돌돌 말리는 증상은 물이 부족하다는 신호이므로 바로 물을 주어야 합니다.

'왜 오전인가?' 하는 것은 식물에게 물을 주는 이유를 이해하면 쉽습니다. 물의 역할은 이산화탄소를 만나서 햇빛의 도움으로 양분을 만드는 일입니다.

햇빛이 충분하고 이산화탄소도 충분하지만 물이 없다면 식물 공장은 돌아가지 않아요. 밤에는 물이 충분해도 햇빛이 없어서 양분을 만들 수가 없어요. 따라서 해가 지면 식물에겐 물이 덜 필요합니다. 해가 지고 나서 물 주는 것을 반복하면 식물이 웃자라고 병이 잘 생길 수 있어요.

식물의 광합성

　모든 식물에 똑같은 물주기를 적용해서는 안 됩니다. 물을 좋아하는—푸미라, 뮬렌베키아(트리안), 소포라, 양골담초, 율마 등—줄기나 잎사귀가 얇고 여리여리한 식물들은 몸에 수분을 많이 갖고 있지 않아서 물이 부족하면 금세 티가 나고 상태가 나빠질 수 있습니다. 그런 식물들은 손가락 한두 마디만 말라도 물을 주는 편입니다. 반대로 잎과 줄기가 두꺼운 식물은 몸에 물을 많이 가지고 있어서 건조에도 어느 정도 잘 견디기 때문에 화분의 흙이 대부분 말라갈 때 물을 주어도 됩니다.

　식물의 종류뿐 아니라 계절, 흙의 배합, 화분의 크기와 재질, 장소에 따라서도 물 주기는 달라집니다. '며칠에 한 번 물주기?!' 이런 말은 믿으면 안 됩니다. 같은 식물이라도 집마다, 화분이 놓인 위치에 따라, 화분의 재질에 따라, 흙의 배합에 따라, 계절에 따라 물주기가 달라지는 것이 현실입니다.

Q. 화분의 흙 마름은 어떻게 확인할까요?

▶ 색깔, 무게, 손가락, 나무젓가락

색깔 마른 흙은 대개 연한 갈색으로 포슬포슬 바람에 날립니다.

마른 흙   젖은 흙

무게 화분을 들어보면 가볍습니다! 물 먹고 나서 묵직한 화분의 무게를 떠올려보세요.

손가락 화분 가장자리 흙을 살살 파봅니다.

나무젓가락 손톱에 흙이 끼는 것이 싫거나 대형화분이라면 화분 가장자리에 나무젓가락을 푹 꽂았다가 빼서 젖은 흙이 묻어나오는지 확인합니다.

마른 흙   젖은 흙

물을 언제 줘야 할지 잘 모르겠다는 초보 가드너들께는 흙 위에 멀칭*되어 있는 장식돌이나 자갈, 마사를 치우시길 권합니다. 마사 등이 흙을 덮고 있다면 흙의 물 마름이 더뎌지고 통기성이 나빠지며, 흙 마름 상태를 확인하지 못하고 또 물을 주어 과습이 되기 쉽습니다. 반대로 실외에 화분을 두고 키울 때 물 마름이 너무 빨라서 물시중이 힘들다면 흙 위를 멀칭해 주시면 됩니다.

물이 부족하다면 식물들은 잎으로 말을 합니다. 잎에 탱탱하게 차오른 수분이 빠지면 두께가 얇아지면서 잎이 말리기도 하고 힘이 없어져요. 하지만 흙이 축축한데 이런 증상들이 보인다면? 과습일 수 있고, 뿌리에 문제가 생겨 물을 흡수하지 못하는 상태입니다. 흙이 빨리 마르도록 선풍기라도 틀어주고, 나무젓가락을 흙 사이사이에 넣었다가 흙을 뒤집어주며 뿌리가 숨을 쉴 수 있게 인공호흡을 해주어야 합니다. 과습을 조심해야 하는 식물은 물을 주고 나서 더욱 통풍에 신경 써야 합니다. 일주일이 지나도록 흙이 계속 축축하다면 뿌리가 숨을 쉬지 못해 문제가 생길 수 있어요.

Q. 식물에게 정수기 물을 주는 것이 좋을까요? 수돗물의 염소 성분이 걱정되는데….

▶ 대부분의 정수기 물은 식물에게 필요한 미네랄까지 많이 걸러지기 때문에 식물에게는 수돗물을 주는 것이 더 좋습니다. 수돗물의 소독약인 염소 성분에 민감하게 반응하는 몇몇 식물들은(칼라데아, 아레카야자) 물을 하루 정도 받아두었다가 주면 좋습니다. 하루 정도 물을 받아두면 수온이 실온과 비슷해지고, 휘발성 물질인 염소 성분은 공기 중으로 대부분 휘발되어 사라집니다. 저는 평소 물조리개 여러 개에 늘 물을 받아둡니다.

---

* 토양침식방지, 토양수분유지, 잡초억제, 토양오염방지 등의 목적으로 흙 표면을 짚, 톱밥, 모래, 비닐, 다른 용토로 덮어주는 것

Q. 저면관수란?

▶ 물을 담은 용기에 화분을 넣어 물구멍으로부터 흙이 물을 빨아들이도록 하는 방식입니다. 매번 흙 위로만 물을 주게 되면 흙이 단단하게 굳을 수 있고, 흙 속으로 물길이 생겨 그쪽으로만 물이 흐르면서 뿌리가 물을 잘 흡수하지 못하는 경우도 있어요. 꽃이나 잎이 물에 닿으면 쉽게 상하는 식물, 흙이 딱딱하게 굳어있는 화분, 물을 너무 오래 굶겼던 식물은 저면관수를 하면 흙 전체가 물을 촉촉하게 흡수하여 한결 부드러워지면서 뿌리가 맘껏 물을 흡수합니다. 화분 크기에 따라 다르지만 대개 20분~1시간쯤 두고 겉흙이 촉촉해질 무렵에 물에서 뺍니다. 계속 물에 담겨 있다면 과습이 올 수 있습니다.

저면관수

|계절이나 상황에 따라 다른 물 주기

여름철

　이른 아침 물을 주는 것이 좋습니다. 때를 놓쳤다면 해질녘. 낮에 물을 주면 햇빛의 고온에 뿌리가 삶길 수 있어요. 하지만 흙이 바짝 말라 식물이 축 처진 상태라면 시간 상관없이 밝은 음지에 두고 얼른 물을 주세요.

　사람과 마찬가지로 식물들도 더운 여름에 증발량이 많아 더 쉽게 갈증을 느낄 수 있습니다. 흙이 빨리 마르는 화분은 매일 물을 줘야 할 수 있습니다.

　기온이 높고 공중습도도 높기 때문에 통풍이 부족하면 무름병이 잘 발생하고 곰팡이가 많이 생깁니다.

　햇빛이 강하게 들어오는 창가의 식물 잎에 물이 묻었다면 그 물방울은 돋보기 역할을 해서 잎을 태울 수 있으므로 주의하세요.

　장마철에는 공중습도가 아주 높기 때문에 흙에도 물을 자주 주면 과습 증상이 나타날 수 있습니다.

겨울철

　따뜻하고 맑은 날 오전~정오. 물을 주고 나서 따뜻한 낮에는 통풍을 꼭 시켜주세요. 너무 추운 날이나 오후 늦게 물을 주면 기온이 떨어지면서 뿌리가 얼 수 있어요. 얼음처럼 차가운 물을 바로 주지 말고 온수를 섞거나 물을 하루 전에 미리 받아두어 실온과 비슷하게 하면 좋습니다.

　열대·아열대 출신 식물들은 우리나라 겨울과 같은 추운 계절에는 휴면합니다. 생장이 멈추기 때문에 필요한 물도 적습니다. 물주기 텀을 길게 늘이고, 흙을 건조하게 관리해야 추위에 잘 견딥니다. 흙 마름을 꼭 확인하고 물을 주세요. 하지만! 따뜻한 실내에 있는 경우, 그리고 겨울에 잘 생장하는 식물은 흙이 마르면 평소대로 물을 주시면 됩니다.

| 수경재배

물구멍이 없는 용기에 흙이 아닌 물로 식물을 기르는 방법입니다. 관리하기에 편하고 가습 효과도 좋습니다.

하층토를 넣으면 식물이 흔들리지 않게 잘 지지해줄 수 있고, 물과 양분이 식물의 뿌리로 잘 이동할 수 있도록 도와줍니다. 물이 좀 줄어들어도 보수성이 좋은 용토는 수분을 뿌리쪽으로 끌어올려주는 심지의 역할을 합니다. 하층토로는 하이드로볼, 맥반석, 제올라이트 등을 많이 이용합니다.

수경 재배는 흙을 사용하지 않아서 깔끔하고, 물을 자주 줄 필요가 없어서 말려 죽일 염려도 적으며 과습에서도 자유로워집니다. 물이 줄어들면 보충해주고, 가끔 용기를 씻고 새 물을 받아주면 되지요. 하지만 가끔씩 액체 비료를 넣어주어야 오래도록 건강하게 성장시킬 수 있습니다.

수경재배시 하이드로볼을
하층토로 사용한 모습

수경재배 방법

① 뿌리에 붙은 흙을 털어내고 나무젓가락으로 뿌리 사이사이의 흙을 조심스럽게 털어냅니다.

② 용기에 물을 받아 뿌리를 담가 흔들어주며 잔여 흙들을 씻어 냅니다.

③ 수경재배할 용기에 식물을 넣고 (하층토를 뿌리 부분까지 채우고) 뿌리 부분만 잠길 정도로 물을 넣어줍니다.

수경재배로 잘 크는 식물들

스킨답서스, 스파티필름, 테이블야자, 아레카야자, 싱고니움, 드라세나(행운목, 개운죽), 아이비 등 대부분의 관엽식물들, 히아신스, 수선화 등의 구근식물, 다육식물도 수경 재배로 키울 수 있습니다.

○○ 습도

　습도는 식물뿐 아니라 사람의 건강에도 중요합니다. 식물과 사람 모두에게 이상적인 습도는 35~65% 정도입니다.(식물의 종류에 따라 이보다 더욱 고습도/저습도를 좋아하는 식물들도 있습니다.) 차갑고 건조한 겨울에는 실내 습도가 30% 이하로 내려가는 경우가 아주 많지요. 건조한 공기는 콧속 점막을 자극해서 공기 중의 화학 성분, 바이러스 공격에 대한 저항력을 떨어뜨린대요.

　건조한 계절에는 사람과 식물 모두를 위해 가습기를 트는 것이 좋겠습니다. 가습기는 매일 물을 채우고 주기적으로 관리해야 하는 수고가 뒤따르지만, 사람이 식물에게 하나를 해주면 식물은 사람에게 두 개 이상을 돌려줍니다.

　고향을 떠나 우리 집 세대원이 된 식물들에게는 사람의 이해와 관심이 필요합니다. 대부분의 실내 관엽식물들의 고향인 열대, 아열대 지역의 수풀림, 원시림을 떠올려보세요. 숲, 식물원, 온실을 떠올려봐도 좋습니다.

　열대 식물에게 습도를 제공하는 가장 손쉬운 방법은 식물들 잎 주위로 자주 분무를 해주는 것입니다. 여러 식물을 가까이 모아서 키우는 것도 좋은 방법이지요. 가까이 있는 식물 잎에서 나오는 수증기를 다른 식물들이 좋아합니다. 특히 높은 습도가 필요한 식물들에게는 개별 가습을 위해 넓은 화분 받침이나 쟁반에 자갈을 깔고 물을 부어준 후, 그 위에 화분을 올려두는 방법도 있습니다.

하지만 난방을 하는 바닥에 둔다면 물이 데워지고, 떨어진 잎 부스러기들로 곰팡이가 생길 수 있으니 주기적으로 살펴보는 것이 좋습니다. 또한 따뜻한 온도+고습도가 계속되면 오히려 각종 곰팡이균이 창궐할 수 있으니 주의해야 합니다.

반면 건조한 공기에 오래 있다 보면 해충이 잘 생깁니다. 물론 건조한 공기 때문에 생겨나는 것이 아니지요. 해충은 바람을 통해서든, 새로 구입한 식물에서든, 기존 화분에서 휴면 상태로든, 어디서든 유입이 될 수 있습니다. 환경 조건이 맞을 때-건조하고 통풍이 불량할 때-폭풍 번식을 하는 것이죠. 그래서 물을 줄 때 샤워기로 잎과 줄기를 샤워시켜주는 것이 좋습니다. 잎을 촉촉하게 해주며 쌓인 먼지들도 씻겨나가고 해충 예방에 도움이 됩니다.(하지만 잎에 솜털이 있고 예민하여 물이 튀는 것을 좋아하지 않는 식물들도 있습니다. 꽃잎에도 물이 닿지 않도록 합니다.)

○○ 햇빛

▎식물은 햇빛 바라기

모든 식물에게 햇빛이 필요하지만, 식물의 종류에 따라 선호하는 환경이 다릅니다. 식물이 건강하고 예쁘게 자라려면 그 식물에 필요한 빛의 양이 얼마나 되는지 알아야 합니다. 결론부터 말하자면, 식물은 원산지의 빛의 조건과 비슷해야 잘 삽니다.

다육식물처럼 건조하고 해를 잘 받는 사막에서 온 식물들은 야외의 직사광선이나 온종일 햇빛이 들어오는 창가에서 최대한 빛을 많이 받아야 건강하고 통통하게 잘 자라겠지요. 꽃이 피고 열매를 맺거나 무늬 잎을 가진 식물은 녹색 잎만 가진 식물보다 더 많은 빛이 필요합니다.

대부분의 실내 관엽식물들은 원산지가 열대우림 지역입니다. 울창한 숲에서 자라는 식물들은 키 큰 나무들의 잎사귀를 통과한 희미하고 부드러운 햇빛을 받고 자랍니다.

그래서 대다수의 실내 관엽식물들은 창문을 통과한 간접광이나 속커튼을 통해 여과된 빛이 들어오는 반음지에서 잘 자랍니다. 흔히 그늘에서도 잘 자란다며 광고하는 '음지식물'이라도 간접광이 어느 정도는 있어야 건강하고 예쁘게 자랍니다. 빛이 있어야만 광합성을 할 수 있으니까요.

햇빛이 들어오는 창문으로부터 멀어질수록 빛의 세기는 약해집니다. 창문으로부터 1.5m 이상 멀어지게 되면 음지 식물에게도 좋지 않아요. 그래서 실내 깊숙이 둔 식물들은 평균적으로 수명이 길지 않습니다. 식물을 되도록 오래 키우고자 한다면 '어느 정도 세기의 빛에 얼마나 노출시켜야 하는가?'를 생각해야 합니다.

보통 어여쁜 식물을 사 온 후 인터넷으로 이름과 키우는 방법을 찾아보지요. '양지, 반양지, 반음지, 음지…' 이런 말이 나오는데 이게 도대체 뭔지? 여기서부터 헷갈립니다.

사실은 이 순서가 반대가 되면 더 좋습니다. 내가 식물을 키울 곳의 환경이 어떤지—일조량, 습도, 온도, 바람—먼저 살펴보고, 그에 적합한 식물을 고르면 실패 확률이 조금이나마 줄어들겠지요.

양지

하루 4~5시간 이상 직접적인 햇빛을 받을 수 있는 곳입니다. 햇빛과 식물 사이에 창문이나 방충망 그 어떤 것도 없는, 직사광선(직광)을 받는 장소입니다. 그러나 30도가 넘는 우리나라의 한여름 폭염·땡볕에서는 화상을 입을 수 있으니 양지식물이라도 어느 정도 차광해주는 것이 안전합니다.

양지에서 잘 크는 식물

침엽수(율마, 블루아이스, 썰프레아 등), 올리브, 유칼립투스, 대부분의 허브, 대부분의 다육식물들(선인장, 알로에, 칼랑코에, 염자 등), 크로톤, 남천, 수국, 장미, 부겐베리아, 란타나, 국화, 철쭉, 펠라고늄(제라늄), 달개비, 거베라, 옥살리스, 대부분의 꽃나무…

반양지

하루 4~5시간 이상 창문이나 방충망을 통과한 햇빛을 받는 곳 또는 오전 1~2시간 직광을 받는 곳입니다.

직사광선과 창문 1~2겹 혹은 방충망을 통과한 햇빛의 세기는 많은 차이가 있습니다. 자외선도 많이 차단되고요. 그래서 창문을 통과한 햇빛이 들어오는 실내 공간은 반양지~반음지일 수밖에 없습니다. 대부분의 꽃식물은 최소 반양지 이상에서 꽃을 피웁니다. 양지 식물을 키우고자 한다면 적어도 반양지에서 키우는 것을 권합니다.

반양지에서 잘 크는 식물

게발선인장, 포인세티아, 동백, 아잘레아(서양철쭉), 아라우카리아, 야자, 헤데라(아이비), 관음죽, 고무나무, 안스리움, 마란타, 접란, 보스턴고사리, 파키라, 알로카시아, 시서스, 디펜바키아, 콤팩타, 드라세나 드라코, 산세베리아, 스투키 등

반음지

속커튼이나 다른 식물들에 의해 여과된 빛. 해가 지나는 방향에 따라 그림자에 가렸다가 간접광이 들어왔다가 하는 장소입니다. 대다수의 관엽식물들이 좋아하는 장소이지요. 이곳에서 식물생장등을 켜주면 꽃식물은 꽃을 피울 수 있습니다.

● ● (반음지에서 잘 크는 식물)

스킨답서스(에피프레넘), 스파티필름, 녹보수, 해피트리, 행운목, 싱고니움, 쉐플레라(홍콩야자), 페페로미아, 필로덴드론, 아글라오네마, 몬스테라, 칼라데아, 개운죽, 산호수, 고사리, 금전수, 시클라멘, 호마로메나, 접란, 구근식물(수선화, 히아신스, 무스카리) 등

음지

가드닝에서 '음지'라고 칭하는 곳은 햇빛은 닿지 않지만, 그림자가 연하게 드리울 정도의 밝은 곳입니다. 몇몇 관엽식물만이 이곳에서 오랫동안 견딜 수 있습니다. 그러나 그런 음지 식물들도 때때로 반음지로 옮겨서 빛을 보충해주어야 건강하고 예쁘게 잘 자랍니다. 실내조명도 없는 깜깜한 실내의 음지에서 살 수 있는 식물은 없습니다.

● ● (내음성이 강한 식물)

개운죽, 산세베리아, 스킨답서스, 스파티필름, 싱고니움, 관음죽, 행운목, 필로덴드론 등

| 햇빛이 부족하다면? 식물생장용 LED!

햇빛이 부족한 집이라도 양지, 반양지 식물을 예쁘게 키울 방법은 있습니다. 바로 식물생장등! 저희 집은 남향아파트 저층이라 여름, 겨울에는 햇빛이 많이 부족해요. 그래서 베란다 천장에 레일등을 설치해서 식물생장용 LED 전구를 끼웠습니다. 구석엔 높이 조절되는 장스탠드에 식물등을 달았고요. 햇빛이 부족한 거실 쪽 선반에는 식물LED bar를 제작하여 달았어요.

전기에 대한 기초 지식이나 납땜 정도 할 수 있다면 직접 제작해도 좋지만, 제가 해보니 돈을 좀 더 주더라도 전문가에게 주문 제작을 맡기는 것이 정신 건강과 시간 절약에 좋은 것 같습니다. 반음지에서 식물등을 함께 사용하면 무늬 관엽식물과 펠라고늄(제라늄)을 예쁘게 키울 수 있고, 햇빛이 하나도 들어오지 않는 실내에서는 식물등만으로도 관엽식물들을 예쁘게 키울 수 있어요.

천장 레일등

스탠드

LED bar

　빛은 여러 가지 파장으로 이루어진 빛들의 조합입니다. 파장 길이에 따라 색이 결정되고요. 식물의 엽록소는 적색광과 청색광을 흡수하고 초록색 광은 반사하기 때문이 우리 눈에 식물이 초록색으로 보이는 것이죠. 식물생장LED가 일반LED와 다른 점은 식물 생장에 필요한 청색광, 적색광 등을 최적의 비율로 조절하여 구현한 것입니다. 청색과 적색이 합쳐지면 보랏빛이 되지요. 집에서 정육점마냥 벌건 불빛이 나는 것이 부담스럽다면 인테리어를 해치지 않는 전구색이나 주광색(흰색)을 선택하세요. 둘 다 써보니 큰 차이는 없는 것 같습니다. 오히려 태양광과 유사한 Full spectrum LED가 병충해 예방 등 식물에게 더 좋다는 연구 결과도 있습니다. LED라 구입가는 비싸지만 전기세도 적게 나오고 수명도 길어요. 요즘에는 실내 조명으로 식물을 키우는 사람들이 많아지고 과학 기술 발전으로 좋은 제품들이 많습니다.

　식물이 빨리 생장하길 바라며 자정이 넘도록 빛을 밝히시는 경우가 있는데, 식물은 빛으로 밤낮을 구별하고 광합성과 호흡, 각종 대사 작용을 합니다. 자연의 섭리대로 밤에는 식물생장등을 끄시길 추천합니다. 저희 집은 햇빛이 부족한 편이라 낮 동안 9시간 내외로 켜줍니다.

Q&A

Q. 무늬가 예쁜 식물이었는데, 무늬가 사라지고 초록색 잎만 나와요.

▶ 무늬종들은 잎에 녹색과 흰색을 비롯한 다른 색이 섞여 있습니다. 전체가 녹색인 식물들보다 녹색 지분이 적기 때문에 적은 엽록소로 필요한 양분을 만들려면 충분한 빛이 있어야 합니다. 빛이 부족하다면 무늬보다는 점차 녹색 지분이 많아지게 됩니다.(대부분의 무늬종들이 그렇지만 예외인 것도 있습니다.)

Q. 잎이 듬성듬성하게 나고 식물 키가 쑤욱 길어졌어요.

▶ 몸을 단단하고 알차게 불리기보단 목을 길게 빼면서 햇빛 찾아 삼만 리, 연약하고 길게 웃자란 것입니다. 숲에 가보면 식물들은 태양빛을 향해 경쟁하며 자라요. 창가 식물들을 보면 햇빛을 향해 굽어서 자라고, 빛을 잘 받도록 잎의 방향을 이동시키지요. '옥신'*이라는 생장 호르몬 때문인데요. 옥신은 빛의 반대쪽으로 이동하기 때문에 햇빛을 받는 쪽은 키가 덜 자라고, 안 받는 쪽은 더 많이 자라게 됩니다. 엽록체도 빛의 방향에 따라 각도를 틀고, 심지어 모양도 변합니다.

식물이 빛 쪽으로 굽어 자라면 화분을 반대로 휙 돌려주시는 분들 많으시죠. 이것이 식물 입장에서는 좀 당황스러울 수 있습니다. 줄기나 잎, 엽록체 방향도 한순간에 반대로 되어 버리니까 한동안 제 자리를 다시 잡을 때까지는 광합성 기능이 떨어질 수 있어요. 그래서 갑자기 정반대로 휙 돌리기보다는 조금씩 돌려주시는 걸 추천합니다. 하지만 안다고 그게 잘 되나요? 저도 한 번씩 반대쪽으로 휙 돌리는 걸요.

---

* 식물의 생장 호르몬. 빛에 잘 분해되는 물질. 식물을 온실에서 키우면 강한 햇빛이 걸러지면서 옥신 파괴가 덜 되기 때문에 야외의 식물보다 더 잘 성장합니다. 직광의 식물은 마디가 짧고 잎이 빽빽하게 납니다.

Q. 빛을 좋아하는 식물이라고 해서 햇빛이 잘 들어오는 창가로 옮겼는데 잎이 다 처졌어요.

▶ 햇빛이 약한 곳에 있던 식물을 갑자기 햇빛이 강한 창가로 옮기면 환경 변화로 몸살을 앓을 수 있습니다. 갑작스러운 햇빛양의 변화, 급격한 온도 변화, 돌연한 장소 변화가 모두 해당됩니다. 화원에서 잘 크던 식물이 우리 집에 오자마자 시들해진다면 이 경우에 해당할 수 있습니다.

이제 집에서 화분 위치를 바꿀 때는 식물에게 미리 언질을 주는 겁니다. '자, 이제 점점 햇빛이 많은 곳/추운 곳/따뜻한 곳으로 이사갈 거야. 마음의 준비를 하렴.' 변화의 폭이 갑자기 크지 않게, 그래프가 서서히 올라가듯, 가랑비에 서서히 옷 젖듯 그렇게. 며칠 간격으로 음지→반음지→반양지→양지로 서서히 옮겨주는 것이 좋습니다.

Q. 햇빛이 하나도 안 들어오는데 식물생장등만으로 식물을 키울 수 있을까요?

▶ 식물생장등은 햇빛을 보조하는 역할입니다. 아무리 좋은 식물생장등이라도 모든 에너지의 원천인 태양을 따라가진 못합니다. 햇빛이 하나도 들어오지 않는 곳에서 식물생장등만으로 식물을 키우기에는 반음지에서 잘 크는 식물이 좋고, 식물생장등의 사양에 따라서 반양지 식물까지도 가능합니다. 과실수의 경우 식물등만으로 빛의 양을 채우긴 힘듭니다.

○○ 온도

　대부분의 실내 관엽식물들은 사람들이 쾌적하고 편안하게 느끼는 온도와 습도에서 잘 자랍니다. 물론 겨울을 춥게 보내야 하는 식물들도 있습니다. 하지만 우리가 화원에서 쉽게 만날 수 있는 대부분의 아열대, 열대 관엽식물들은 18~26℃에서 잘 성장하며 우리나라의 봄~가을에 아름다운 모습을 보여줍니다. 원산지의 환경을 생각하면 됩니다.
　아열대·열대 식물들은 겨울에 따뜻한 실내로 들이면 성장에 더 좋지만, 공간의 한계로 베란다에 둬야 할 경우는 차가운 기운이 들어오는 창문으로부터 떨어뜨려 거실 쪽으로 배치합니다. 가을부터 조금씩 낮아지는 기온에 서서히 적응한다면 베란다에서 겨울을 날 수 있습니다. 하지만 개별 식물의 월동 온도를 확인하는 것이 좋아요.(여름에 휴면하는 식물도 있어요.)
　성장을 멈추고 휴면하는 동안은 물을 많이 먹지 않아요. 물주기 텀은 훨씬 더 길어지고, 아예 단수하는 경우도 있습니다.
　냉해를 입은 식물을 갑자기 따뜻한 실내로 옮기면 몸살을 심하게 앓을 수 있으니, 기온차를 서서히 올려주면서 따뜻한 실내로 옮기는 것이 안전합니다. 한파로 인해 너무 추운 날은 신문지 이불을 덮어주거나, 박스를 뒤집어서 덮어주면 추위를 이겨내는 데 도움이 됩니다.
　온대 식물들은 우리나라의 사계절을 염려할 필요가 없지요. 온대 지방의 꽃나무들은 대개 추운 겨울을 지내야 봄에 꽃을 피웁니다. 일년내내 따뜻하게 지낸다면 식물 입장에서는 계절이 헷갈리는 거죠. 추운 겨울과 긴 밤을 겪고 나야 '아, 겨울이구나. 점점 봄이 다가오는구나. 꽃눈을 만들어야지.' 하는 것이죠.

| 여름

 양지를 좋아하는 식물이라도 30도를 훌쩍 넘는 폭염의 뙤약볕을 잘 견뎌내는 경우는 드물어요. 그런 곳에선 건장한 성인도 일사병에 걸리지요. 방충망이나 모기장 한 겹만 거쳐도 햇빛이 꽤 많이 차광되기 때문에 저는 여름철 베란다 걸이대에 있는 다육식물들은 온실 뚜껑에 깔망을 끼워 차광막으로 사용합니다. 창문 바로 앞 식물들도 빛을 받고 고온으로 파김치가 될 수 있기에 속커튼을 쳐 주어 차광을 해주면 좋습니다.

 덥고 습하면 상태가 안 좋아지는 식물들이 있어요. 건조한 지역 출신들, 몸에 물기를 가득 머금고 있는 다육식물들과 펠라고늄(제라늄)의 경우 바람이 잘 통하도록 신경써 주면 큰 고비 없이 여름을 잘 넘길 수 있습니다. 그렇다고 에어컨의 찬바람이 식물을 향해 직접적으로 가지 않도록 주의하세요.

| 겨울

 식물을 키우는 장소의 최저 기온을 확인해야 합니다. 평균적으로 새벽 5~7시에 기온이 최저로 떨어집니다. 10℃ 이상이면 대부분의 식물들이 추위를 무난하게 견딜 수 있습니다. 또한 기온이 떨어져도 흙이 건조한 상태라면 좀 더 잘 견딜 수 있고요. 베란다가 10℃ 이하로 자주 떨어진다면 추위에 약한 열대 식물들, 아직 어리고 연약한 식물들은 따뜻한 실내로 옮기는 것이 안전합니다. 그렇다고 난방기기의 더운 바람이 식물에게 직접적으로 가지 않도록 주의하세요. 또한 얼음장같이 차가운 물을 식물에게 바로 주지 말고, 물을 하루 정도 미리 받아두어 실온과 비슷해지면 주거나, 온수를 섞어 차갑지 않은 물을 주는 것이 안전합니다.

 제가 사는 남쪽 지방에는 겨울에도 대개 베란다 새벽 기온이 10℃ 이상이고,

낮에 햇빛이 들어오면 20℃를 웃돌기도 합니다. 간혹 한파가 와도 5℃ 이상은 되기 때문에 저온에 예민한 몇몇 식물들을 제외하고는 꽤 많은 식물들이 베란다에서 쭉 지냅니다. 저희 집 기준으로 베란다에서 잘 지낸 식물들과 상태가 안 좋아지는 식물들을 정리해보았습니다.

베란다에서 겨울을 잘 지내온 식물들

다육식물들(염자, 칼랑코에, 알로에, 아가베, 알부카, 꽃기린, 선인장, 게발선인장, 산세베리아, 스투키, 러브체인, 녹영 등), 달개비, 소철, 천리향, 자스민, 서양철쭉, 양골담초, 목마가렛, 동백, 미스김라일락, 단정화, 호주매화, 장미, 시클라멘, 수국, 구근식물(튤립, 히아신스 등), 오니소갈럼, 옥살리스(사랑초), 휴케라, 펠라고늄(제라늄), 은사철, 율마를 비롯한 침엽수, 아라우카리아, 남천, 올리브, 유칼립투스, 허브, 마삭줄, 소포라, 코로키아, 실버레이스, 홍등화, 알테르난테라, 호야, 립살리스, 디스키디아, 박쥐란, 석송, 고무나무, 야자류, 파키라, 녹보수, 뮬렌베키아(트리안), 아스파라거스, 헤데라(아이비), 몬스테라, 필레아 페페로미오이데스, 보스턴고사리, 다바나 고사리, 필로덴드론 제나두, 싱고니움

베란다에서 추위를 견디긴 하지만 볼품없어지는 식물들

브레이니아, 소코라코, 싱고니움(품종에 따라 차이가 있음), 마란타, 페페로미아, 목성 베고니아, 스킨답서스, 스파티필름, 칼라데아, 알로카시아, 안스리움, 필로덴드론, 포인세티아, 아글라오네마, 금전수
→ 공간이 있다면 따뜻한 곳으로 들이는 것이 안전합니다.

베란다에서 잎을 다 떨구고 휴면한 식물들

파키포디움·스테파니아·아데니아 등의 아프리카 괴근식물, 칼라디움
→ 따뜻한 곳에서 빛을 잘 쬐어주면 휴면 없이 계속 성장합니다.

Q&A

Q. 냉해를 입었을 때 어떻게 하나요?

▶ 추운 겨울, 창문을 열고 환기시키다가 깜빡하고 밤에 창문을 닫지 않고 잤을 경우, 추위에 약한 식물이 추위에 노출되었을 경우, 식물은 냉해/동해를 입게 됩니다. 냉해의 경우 서서히 회복시킬 수 있지만 동해를 입으면 식물체 속의 물이 얼고 세포 조직이 파괴되어 반죽음 상태가 되거나 심한 경우 초록별로 가지요. 처참한 피해가 바로 보이는 경우도 있고, 당장은 괜찮아 보이지만 서서히 진행되는 경우도 있습니다.

하지만 냉해를 입었다고 식물을 갑자기 따뜻한 곳으로 옮기면 더욱 삶긴 나물이 됩니다. 찬바람, 강한 햇빛, 고온에 노출되지 않도록 조치하고 온도를 조금씩 서서히 올려주는 것이 좋습니다. 성급하게 가지치기를 하지 말고 기다려보세요. 며칠이 지나면서 살아있는 줄기나 잎은 구별이 됩니다. 나무의 경우 줄기의 껍데기를 손톱으로 살짝 벗겨보았을 때 연둣빛이 보인다면 그 부분은 아직 살아있는 겁니다. 뿌리가 살아있다면 날이 풀리면서 생명의 빛이 보일 거예요. 안타깝게도 까맣게 무른 줄기나 냄새가 나며 진물이 나는 부분, 삶은 나물처럼 된 잎은 회복되지 않습니다.

○○ 통풍

｜식물에게 통풍이란? 공장이 잘 돌아가게 하는 것!

적당히 촉촉하고 신선한 공기가 순환되는 환경은 사람에게도 좋고, 식물에게도 좋습니다. 공기가 정체되어 있고 순환이 잘 되지 않는다면 식물은 병충해에 시달릴 수 있어요. 식물에 해충이 가장 많이 발생하는 장소는 공기의 순환이 잘 이루어지지 않고, 공중습도가 낮은 곳입니다.

식물이 광합성을 하기 위해서는 이산화탄소가 꼭 필요합니다.

창문을 꼭 닫고 공기가 정체되어 있으면 식물들 주위로는 식물이 내뿜은 산소가 가득해집니다. 이산화탄소가 새롭게 유입이 안 되면 식물은 광합성을 할 수가 없죠. 광합성을 잘 하지 못하면 공장이 멈추는 것과 똑같습니다. 식물의 성장이 느려집니다.

적절한 바람이 불고 공기가 순환이 잘 되면 식물의 증산 작용이 활발해집니다. 뿌리에서 흡수된 물을 잎에서 수증기로 내보내는 작용이 활발해지면서 흙도 빨리 마르게 되고, 수증기를 내보내기 위해 잎의 기공이 활짝 열리면, 열린 기공으로 이산화탄소를 듬뿍 흡수합니다. 긍정적인 순환이 이루어지는 것이죠. 공장이 잘 돌아가면 식물은 더 건강해지고, 건강한 식물에게는 해충들의 공격이 쉽게 먹히지 않아요. 하지만 아주 강한 세기의 바람에는 기공을 닫아서 몸의 수분이 금세 빠져나가는 것을 막습니다.

한쪽 창문만 연다고 공기의 순환이 잘 이루어지지는 않습니다. 창문에서 먼 곳의 구석에 있는 식물에게도 바람이 가려면 양방향으로 창문을 열거나 공기 순환기를 사용하는 것이 도움이 됩니다. 특히 햇빛과 바람으로 크는 식물들은 야외에서 키워야 더 건강하고 오래 키울 수 있습니다. [침엽수들, 유칼립투스, 목본류들(나무, 꽃나무), 허브류, 채소류, 다육식물]

겨울철 환기 시 주의할 점

겨울에는 따뜻한 낮시간에 창문을 열어 환기해주면 좋습니다. 열리는 창문 주변은 추위에 강한 식물들로만 배치해 두고, 아열대·열대 지방 출신의 식물들은 겨울 찬바람을 직접적으로 맞지 않도록 위치를 옮겨주는 것이 좋습니다. 특히 눈이 온 날은 낮에 기온이 오르더라도 창문을 열면 냉기 가득한 칼바람이 들어옵니다. 냉해를 입을 수 있으니 주의하세요.

○○ 분갈이

    분갈이는 식물이 더 좋은 환경에서 자라도록 다른 화분으로 옮겨 심는 것입니다. 대개 식물의 생장기인 봄~가을에 많이 하고 작은 화분은 1년에 한 번, 중대형은 2~3년에 한 번꼴로 합니다.

    아열대·열대 식물들은 추운 겨울에는 생장을 멈추고 휴면을 하기에 겨울에는 분갈이를 하지 않는 편입니다. 여름이 휴면기인 식물이나 몸에 물기를 많이 머금고 무름병 위험이 있는 식물들은 덥고 습한 여름에는 분갈이를 하지 않습니다. 반면 사계절 내내 따뜻한 실내에 있거나 계속 생장하는 식물들은 계절 상관 없이 분갈이를 해도 괜찮습니다.

| 분갈이를 해야 하는 경우

화원에서 작은 플라스틱 포트를 사 왔을 경우

    뿌리가 꽉 차서 돌돌 말려있을 가능성이 크기에 조금 더 큰 화분으로 분갈이합니다. 하지만 꽃봉오리가 달려있는 식물은 분갈이 몸살로 꽃을 다 떨어뜨릴 수 있으니 꽃을 본 후 분갈이를 하거나, 뿌리를 많이 건드리지 말고 연탄 갈이 식으로 포트에서 빼낸 그대로 새 화분에 옮겨 흙을 보충하여 심어줍니다.

물구멍으로 뿌리가 튀어나오고 식물의 생장이 멈춘 경우

화분에 뿌리가 꽉 차고 튀어나올 정도면 화분이 작아졌다는 말입니다. 뿌리가 충분히 자랄 수 있도록 좀 더 넓은 집으로 이사시켜 줍니다. 뿌리가 꽉 차서 성장이 멈추었던 식물을 큰 화분으로 분갈이하면 힘차게 새잎을 올려주는 경우가 많습니다.

화분 크기를 키우기 부담스럽다면 뿌리를 조금 자르고 흙을 조금 털어낸 후, 같은 화분에 새 흙으로 심어줍니다.

번식으로 개체가 많아지고 식물이 화분에 비해 많이 커졌을 경우

포기를 나누거나 뿌리를 갈라서 여러 화분으로 나누어 심습니다. 풍성하게 키우고 싶다면 그대로 더 큰 화분으로 이사시켜 줍니다.

분갈이한 지 오래되었을 경우

물을 줘도 흙이 물을 흡수하지 않고 그대로 물구멍으로 흘러나오는 경우가 있어요. 화분에 뿌리가 꽉 차서 흙이 거의 없거나 너무 오래된 흙이라 딱딱하게 다져지고 굳어져서 물을 흡수하기 힘든 경우입니다. 상토나 배양토는 1년이 지나면 영양가가 없는 흙이 됩니다. 분갈이를 못할 경우 비료를 주기적으로 챙겨 주고, 물을 흡수하지 못할 땐 저면관수로 물을 줍니다.

기존 흙이 배수성이 좋지 않아 과습이 잘 올 경우

흙을 털고 배수성 좋게 흙 배합을 하여 다시 심어줄 수 있습니다.

| 분갈이 순서

① 화분을 돌려가며 톡톡 두드리거나 주물주물 해줘서 흙과 화분이 잘 분리되도록 합니다. 나무젓가락이나 원예 가위로 물구멍을 쑥 밀면 흙이 잘 분리되어 올라옵니다. 분리가 힘든 경우는 삽이나 얇은 자 같은 도구로 화분 안 가장자리를 한 바퀴 돌려줍니다.

② 오래된 흙을 털어주고 오래된 뿌리나 상한 뿌리를 잘라줍니다. 뿌리가 심하게 돌돌 말린 경우는 뿌리를 풀어주고, 경우에 따라 아래쪽 뿌리를 잘라줍니다.(뿌리 가지치기) 그대로 심을 경우 뿌리가 밖으로 뻗어나가지 못하고 안쪽으로만 뭉칠 수 있어요. 하지만 아직 뿌리가 많지 않을 때 잔뿌리들이 많이 떨어지면 몸살을 앓을 수 있으므로 주의합니다.

③ 화분은 뿌리 크기의 1.5~2배 정도로 선택하고 화분에 거름망을 깔아줍니다.

④ 식물에 비해 화분이 많이 크다면 배수층으로 휴가토를 깔아줍니다. 1.5배 정도라면 굳이 배수층을 깔지 않아도 무방합니다.

⑤ 흙을 화분 높이의 1/3 정도 채워줍니다.

⑥ 식물이 화분 가운데에 오도록 잡고 흙을 채워줍니다.

⑦ 흙이 뿌리 사이에 골고루 들어가도록 얇은 막대기 등을 이용해 흙을 찔러주고, 화분 바깥을 통통 두드리거나 화분을 바닥에 가볍게 쳐줍니다. 화분 높이의 1~2cm를 남겨두고 흙을 채웁니다. 손으로 흙을 꼭꼭 누르지 않습니다.

⑧ 물을 흠뻑 줍니다. 아직 뿌리가 흙에 활착이 안 되어 있으므로 흔들릴 수 있습니다. 바람이 솔솔 통하는 반음지에서 며칠 요양을 시킵니다.

Q&A

Q. 뿌리를 잘라내도 괜찮나요?

▶ 뿌리 가지치기도 식물에게 도움이 될 수 있습니다. 저는 아파트 베란다에서 많은 식물을 키우다 보니 공간의 제약으로 화분 크기를 자꾸 키워줄 수가 없어요. 그래서 분갈이 시 뿌리 가지치기를 하고 화분 크기는 거의 비슷하게 유지하는 편입니다. 오래된 뿌리는 딱딱해지고 성장도 둔해집니다. 화분에 꽉 차서 가득 엉켜있는 뿌리를 본 적이 있으신가요? 저는 그런 경우 아래쪽의 돌돌 말린 뿌리를 잘라냅니다. 그러면 뽀얀 새 뿌리가 많이 나면서 식물을 더 왕성하게 키울 수 있어요. 하지만 지상부의 큰 몸집을 그대로 두고 뿌리를 과하게 잘라내면 많은 잎을 유지하기 힘들어서 잎들을 떨어뜨릴 수 있습니다. 뿌리를 많이 잘라냈을 경우에는 상부의 줄기와 잎도 적절히 가지치기해주면 분갈이 몸살을 줄일 수 있고, 분갈이 후 공중습도를 높여 주는 것도 방법입니다.

뿌리가 약하거나 많이 잘라냈을 경우 비닐을 씌워서 습도를 높여주는 방법도 있습니다. 비닐 입구는 조금 열어놓습니다.

Q. 배수층을 만들어야 하나요?

▶ 저는 지난 2~3년간 물구멍이 있는 화분에 분갈이할 때는 배수층을 만들지 않았고, 과습으로 떠나보낸 경우도 거의 없었습니다. 현재 시중에 나오는 원예용 상토나 배양토들은 대부분 통기성·배수성이 좋게 만들어진 개량 용토입니다. 옛날 옛적 물빠짐이 좋지 않은 밭흙 퍼다가 쓰던 때와는 시대가 달라졌습니다. 저는 화분 크기를 많이 키우지 않고, 뿌리의 1.5~2배 정도로 잡는데다가 과습에 약하거나 물빠짐이 중요한 식물들은 펄라이트, 훈탄, 산야초 등을 더 배합하기 때문에 더더욱 배수층의 필요성을 못 느꼈습니다. 하지만 물구멍이 없는 화분에 심거나 식물의 뿌리에 비해 화분 크기(높이)를 몇 배나 키울 때는 굵은 마사, 휴가토(난석) 등으로 배수층을 두는 것을 추천합니다.

높이가 꽤 높은 화분에 식물을 심어야 한다면, 스티로폼을 부수어 넣고, 스티로폼 위에 깔망을 넣은 후, 배양토를 채우길 권합니다. 하지만 뿌리가 스티로폼까지 파고 들기 전에 (주기적인)분갈이를 해주어야 합니다.

○○ 여러 가지 용토

▍식물 재배는 흙 만들기부터!

흙은 식물이 자라는 데 없어서는 안 될 중요한 요소입니다. 식물 특성에 맞게 흙을 잘 배합해서 심으면 식물이 더 건강하게 자랄 수 있어요. 사람마다 이상형이 다르고 취향이 다르듯 식물들도 취향이 있습니다. 흙 맛을 따집니다. 척박하고 물 빠짐이 좋은 사막에서 살던 식물, 영양분이 많은 비옥한 땅에서 사는 식물, 산성을 좋아하는 식물, 염기성을 좋아하는 식물도 간혹 있습니다.

햇빛, 온도, 습도, 환기 등 조건을 잘 갖추고도 흙이 적합하지 않으면 식물이 죽기도 합니다. 식물을 흙에 식재할 때 고려해야 할 것은 배수성, 통기성, 보수성, 보비성* 산도(pH)입니다.

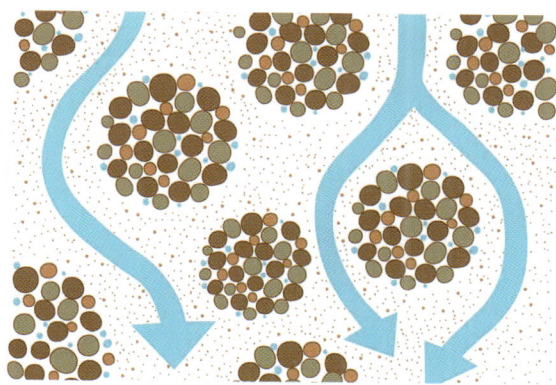

떼알 구조

식물에게 좋은 흙은 보수성과 함께 배수성도 있고, 통기성도 좋은 흙이지요. 이런 조건을 충족시키는 좋은 흙은 떼알 구조의 형태를 하고 있습니다. 흙을 구성하는 작은 입자를 홑알(낱알)이라고 하고, 흙끼리 뭉쳐서 뭉친 흙 사이에 틈이 있

---

* 비료 성분이 유실되지 않도록 잘 잡아주는 성질

는 토양의 구조를 '떼알 구조'라고 부릅니다. 낱알 구조의 토양에서는 미세한 흙 입자가 빽빽하게 모여 있어서 뿌리가 뻗어나가기 힘들고, 물과 공기 흡수가 잘 안 됩니다. 반면 홑알들이 모여 적당한 크기로 굳어진 떼알 구조의 토양에서는 빈틈이 많아서 물과 공기가 잘 통과하게 되고 뿌리가 잘 뻗어나갑니다.

원예용 상토 / 배양토

원예용 상토 　　　　　　　　　　배양토/분갈이흙으로 판매되는 것

　회사와 제품마다 배합 비율이 다 다르지만 코코피트*가 50% 정도 차지하고 그 외 피트모스, 펄라이트, 질석, 제올라이트, 비료 성분이 적절하게 배합되어 있어서 식물을 심기에 적합한 용토입니다. 산도(pH)는 대부분의 식물이 잘 자라는 중성에서 약산성으로 맞추어져 있으며 깨끗이 멸균소독되어 있어요. 생산된 지 1년이 지나면 영양가가 없어지므로 제조일자가 오래되지 않은 신선한 흙을 구입하는 것이 좋습니다.

---

* 코코넛 껍질을 분쇄하여 압축 가공 소독한 유기섬유질 용토. 통기성, 보수성, 보비성이 좋음.

■ 무비상토

비료 성분이 없어서 씨앗 발아나 삽목 시, 뿌리가 부실한 식물을 심을 때 많이 쓰이는 용토

마사 (굵은 모래)

산성으로 화강암이 풍화된 용토입니다. 우리나라에서 채취하기 때문에 저렴하고, 화원에서 소포장으로 쉽게 구입 가능합니다. 영양분이 없고 입자가 굵어서 배수성을 높일 때 상토나 배양토와 섞어서 사용합니다. 물 빠짐이 좋아야 하는 다육식물, 야생화, 분재에 많이 쓰입니다. 가루가 흘러내려 물구멍이나 배수구를 막을 수 있으므로 세척 마사를 구입하는 것이 좋습니다.

펄라이트

대부분 중성(혹은 약염기성)으로 진주암이나 흑요석을 잘게 부수어 고온에서 뻥튀기한 개량 용토입니다. 무균상태이고 아주 가벼우며 통기성, 배수성이 뛰어납니다. 과습을 조심해야 하는 식물 식재 시 물 빠짐을 좋게 하기 위해 상토에 섞어서 사용합니다.

훈탄

염기성으로 왕겨를 까맣게 태운 것입니다. 세균과 곰팡이균 억제, 해충 예방, 탈취, 뿌리가 잘 뻗어나가도록 도와줍니다.

피트모스

산성으로 습지, 늪 등에 이끼, 수생식물이 오랜 시간 부식되어 쌓인 것입니다. 가볍고 무균 상태이며 보수성, 보비성이 좋습니다. 물을 흡수하면 오래 머금고 있기 때문에 뿌리 과습으로 이어질 수 있고, 바싹 건조된 후에는 물을 다시 흡수하기까지 시간이 오래 걸립니다.

바크

산성으로 소나무 껍질을 찌고 발효시킨 것입니다. 입자가 굵어서 배수성이 좋고, 보수성도 좋아서 물을 머금고 있다가 천천히 내보냅니다.

휴가토

중성으로, 난을 심을 때 많이 사용해서 '난석'이라고도 불립니다. 무게가 아주 가볍고 배수성·통기성이 좋습니다. 세균이 적고 뿌리 부패 예방에 좋으며, 수많은 미세한 구멍이 있어서 보수성도 좋습니다.

적옥토

약산성~중성으로 화산재가 쌓여 생긴 붉은 흙을 건조시킨 일본산 용토입니다. 세균 번식이 어렵고 보수성·보비성이 좋으나 점토 성분이므로 강도가 약해 2~3년 사용하면 부스러져 진흙처럼 될 수 있습니다. 쉽게 부스러지는 것을 방지하기 위해 고온에 구운 경질 적옥토도 있습니다. 분재·야생화·다육식물에 많이 사용됩니다.

녹소토

약산성으로 일본 카누마(鹿沼) 시에서 채취한 화산 활동으로 생긴 용토입니다. 배수성·통기성이 좋고 보수성·보비성도 준수합니다. 물 마름이 빨라서 적옥토와 섞어서 사용하는 편이고 세균 번식이 어려워서 삽목·씨앗 발아에도 많이 쓰입니다. 분재·야생화·다육식물에 많이 사용됩니다.

동생사

약산성으로 일본의 마사라 할 수 있는 단단한 용토입니다. 마사보다는 보수성이 좋고, 적옥토보다 통기성이 좋습니다. 분재·야생화·다육식물에 많이 사용됩니다.

산야초

약산성으로 휴가토, 적옥토, 녹소토, 제올라이트가 섞인 용토입니다. 배수성이 좋아서 침엽수·야생화(동백, 철쭉)에 많이 사용됩니다.

버미큘라이트 (질석)

질석을 고온처리하여 뻥튀기한 용토로 아주 가볍고 강도가 약합니다. 통기성·배수성·보수성이 좋으며 무균상태라 삽목 용토로 많이 쓰입니다. 제품에 따라 pH는 6.5~8.0까지 다양합니다.

하이드로볼

중성으로 점토와 물을 혼합, 고온에서 구워 팽창시킨 용토입니다. 보수성·통기성이 뛰어나고 식물에서 나온 가스, 배설물을 흡착하기 때문에 수경 재배 용토로 많이 쓰입니다.

수태

산성으로 이끼를 건조, 압축한 것입니다. 물에 충분히 불린 후 사용하고 행잉(hanging) 식물, 난(蘭), 베고니아, 테라리움에 많이 쓰입니다. 베고니아 번식, 덩굴식물 삽수를 뿌리 내릴 때 유용합니다.

제올라이트 (다육이볼)

약염기성으로 제올라이트를 고온에서 소성한 개량 용토입니다. 기공이 많고 보수성·통기성·보비성이 우수합니다. 화분 내 가스 발생을 줄여주고 곰팡이균을 억제하며 과습·무름병을 방지하기 때문에 다육식물에 많이 쓰입니다. 수경재배나 어항에도 사용합니다.

Q. 상토, 배양토 – 어떤 것을 써야 하나요?

▶ 원예용 상토나 관엽식물 배양토라고 파는 용토들은 회사마다 재료 배합 비율이 조금씩 다르지만 거의 다 비슷하다고 볼 수 있습니다. 굳이 비교하자면 상토는 좀 더 가볍고 물 빠짐이 좋으며 뿌리를 잘 내리게 해주어 씨앗 발아나 모종, 유묘(어린 식물)를 심기에 좋습니다. 배양토라고 판매하는 흙들은 대개 보수성이 더 좋고 상토보다 무겁습니다. 한창 성장을 하고 있는, 물을 많이 먹는 덩치 식물들을 심기에 더 적합합니다.

Q. 흙 배합을 어떻게 하나요?

▶ 물을 좋아하는 식물이나 한창 성장하는 식물일 경우, 통기성이 좋은 토분에 심는다면 상토나 배양토 100%를 쓰기도 합니다. 영양을 생각하면 부엽토나 지렁이분변토를 10~20% 가량 섞기도 하지요. 물 마름이 좋지 않은 유약분이나 플라스틱 화분 등에 심어서 실내에서 키울 때는 물 빠짐을 더 좋게 하려고 배수성이 좋은 흙, 입자가 큰 용토(펄라이트, 마사, 모래, 화산석 등)들을 10%에서 많게는 50%까지 섞기도 합니다.

배수성, 통기성 좋게 큰 입자의 용토를 많이 섞었다면 물 마름이 빨라지니 물을 좀 더 자주 주어야 하고, 영양분이 쉽게 부족해질 수 있으므로 비료를 주기적으로 챙겨 줍니다.

식물마다 좋아하는 산도가 다르므로 산성을 좋아하는 식물에게 염기성 흙을 주거나 그 반대가 되면 안 되겠지만, 대부분의 식물은 약산성~중성의 흙에서 잘 자랍니다.

"어떤 식물에는 어떤 비율이 정답이다!"라는 것은 없습니다. 가드너들마다, 집마다 즐겨 쓰는 비율이 조금씩 다르고, 햇빛과 바람의 양에 따라, 화분의 재질에 따라서도 흙의 배합을 달리합니다. 요리조리 배합해보면서 성공과 실패도 맛보시고, 나에게 맞는 흙 배합 노하우를 늘려가시길 바랍니다.

○○ 화분

토분

흙을 구워 만든 토분은 과습의 위험이 있는 실내 가드닝에서 식물 건강에는 제일 좋은 화분이라 할 수 있습니다. 흙의 자연스러운 색깔이 식물과 잘 어울리고, 통기성이 좋아서 뿌리가 잘 호흡하도록 도와주며, 화분 전체로 수분을 발산하기에 흙이 빨리 마릅니다. 하지만 플라스틱보다 무겁고, 잘 깨질 수 있으며, 사용함에 따라 표면에 백화현상이나 이끼, 곰팡이가 생기는 단점이 있습니다. 습하고 환기가 잘 안 되는 곳에서는 그 속도가 더 빨라집니다. 이렇게 빈티지하게 변하는 모습은 개인 취향에 따라 호불호가 갈립니다.

국산, 독일산, 이탈리아산, 동남아산 등 원산지별로 장단점이 있습니다. 고온에 소성한 고화도 토분은 일반 토분보다 더 단단하고 물 마름도 느리며 백화현상이나 곰팡이도 덜 생깁니다.

국내 수제 토분

요즘은 가드너들 사이에 국내 수제 토분이 매우 인기입니다. 수작업으로 만들어 대량 생산이 힘들기 때문에 '레어템'으로 입소문이 나서 입고일에 선착순으로 금세 완판이 되곤 합니다. 인테리어에 대한 관심이 높아지면서 감각적이고 세련된, 단순하지만 아름다운 화분이 각광받고 있습니다.

토분의 곰팡이 없애기

과산화수소 희석액을 화분에 묻히고 칫솔로 문질러 줍니다.

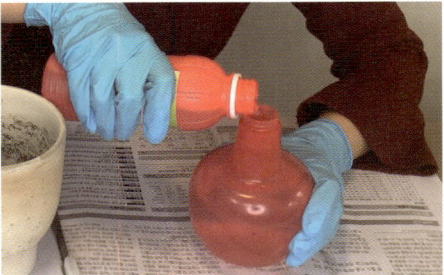
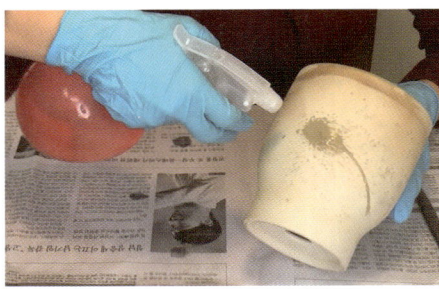
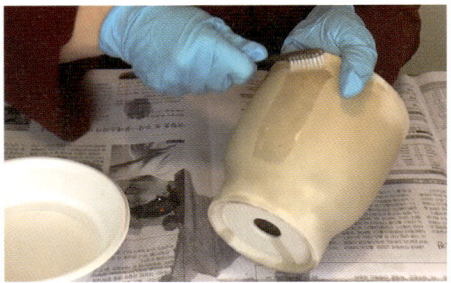

백화현상

물과 흙, 비료의 염류 성분이 토분 표면에 퇴적되어 하얗게 되는 것인데, 오래되면 딱딱하게 굳어져서 없애기 힘들어요. 물을 주고 나서 토분이 수분을 발산할 때 마른걸레로 토분 표면을 깨끗이 닦아주면 어느 정도 예방됩니다.

백화현상이 생긴 토분 세척 방법

① 화분에 묻은 흙 등을 솔을 이용해 물로 세척합니다.

② 대용량의 물을 끓인 후 구연산을 한 스푼 녹이고 토분을 푹 담가 둡니다.
(정도에 따라 몇 시간에서 한나절)

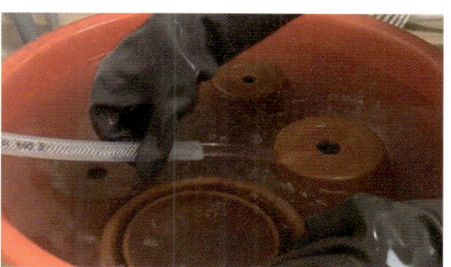

③ 부드러운 수세미로 표면을 닦아줍니다. 이 단계에서 대부분 깨끗해집니다.

④ 토분에 남아있을지 모르는 산 성분을 좀 더 헹궈내기 위해 깨끗한 물에 하루 정도 더 담가둡니다.

⑤ 바람이 잘 통하는 곳에서 말립니다.

유약분

토분의 겉면에 유약을 입혀 색을 낸 화분입니다. 물 빠짐이 좋아야 하는 식물보다는 물을 좋아하는 식물을 식재하기에 적합합니다.

도자기 화분

토분에 유약을 전체적으로 입혀 다시 구운 화분입니다. 유약분보다 물 마름이 더 느립니다.

플라스틱 화분

고급스러움은 부족하지만, 저렴하고 가벼우며 깨질 위험도 적어서 사용하기에 편합니다. 통기성이 좋지 않습니다.

슬릿 화분

화분 바닥과 측면에도 구멍이 뚫려 있어서 통기성과 물 빠짐이 좋고, 뿌리가 화분 바닥에만 돌돌 감기는 것이 아니라 화분 전체로 균형 있게 뻗어나가며 자랄 수 있는 화분입니다. 뿌리 발달과 호흡에 좋고, 가볍게 사용하기에 편리합니다.

시멘트 화분

시멘트를 원료로 만든 모던하고 깔끔한 화분입니다. 통기성이 좋지 않고 물 마름이 느리며, 시멘트의 염기성이 강해서 산성을 좋아하는 식물에는 적합하지 않습니다.

화분 재사용 시

매번 깨끗이 세척하지 않고 재사용해도 상관없지만, 병해로 죽어 나간 식물의 화분은 꼭 세척하고 재사용합니다. 식물을 죽게 한 균과 바이러스가 남아있다가 새로 심은 식물을 공격할 수 있습니다.

버리긴 아까운 도자기 컵·그릇으로 화분 만들기 유튜브 "바로가기" QR ◀

① 충격흡수용·층간소음 방지용으로 스티로폼이나 도톰한 것을 바닥에 깔아주세요.

② 컵이나 그릇 안에 헌 옷가지 등을 채웁니다. 물구멍을 뚫을 바닥에 얇은 접착 테이프를 붙여도 좋습니다.

③ 용기를 뒤집어 구멍을 뚫을 자리에 못을 대고 망치로 두드려 줍니다.

④ 구멍 주위를 뚫어주어 구멍 크기를 더 크게 키울 수 있습니다.

○○ 병충해 예방

병충해 예방 1 유튜브 "바로가기" QR ◀

실내 가드닝을 하면서 간혹 찾아오는 식태기(식물권태기)는 주로 병충해의 습격으로부터 옵니다. 잘 자란다고 생각했는데 어느 순간 상태가 나빠지고 해충들이 득시글거리는 것이 보이면 그때의 충격이란! 저도 가드닝 초기엔 오두방정을 떨며 어쩔 줄 몰라 했습니다.

지금은…, 반려 식물과 그에 딸린 생명체도 같이 키운다는 느낌?! 식물을 키우다 보면 해충은 피할 수 없는 존재입니다. 해충과 균은 어떤 경로로든 유입이 될 수 있습니다. 방충망 사이의 작은 구멍으로 바람을 통해서도, 새로 구입한 식물과 흙으로도, 가드너의 손에 의해서도, 혹은 기존 식물들 속에서 휴면하며 폭풍 번식할 기회만 노리고 있을 수도요.

다만 가드너가 할 수 있는 것은 해충과 세균이 폭풍 번식할 환경을 최대한 피하고, 평소 식물을 건강하게 키우기 위해 노력하는 것, 병해충이 발생한 초기에 재빨리 발견해서 조치를 취하는 것.

심각해지기 전에 발견한다면 식물을 살릴 수 있는 확률이 높아지지만, 식물 전체에 퍼지고 피해가 커진 후에는 손을 쓰기 힘듭니다. 그래서 평소 물을 줄 때 식물을 자세히 살펴보는 것이 좋습니다.

| 새로운 식물을 집에 들였을 때

며칠 동안은 집안의 식물들과 거리두기를 해주는 편입니다. 잎이나 줄기, 흙 상태를 꼼꼼하게 살펴보고 며칠 격리해주는데, 그 장소는 반음지 혹은 밝은 음지여도 되나 선선한 바람이 통하는 장소가 좋습니다. 흙을 어느 정도 털고 새 흙으로 분갈이를 해 주는 경우가 많고, 흙갈이를 안 해줘도 되겠다 싶으면 물을 줄 타이

병충해 예방 2 유튜브 "바로가기" QR ◀

밍에 빅카드 희석액을 며칠 주기로 관수합니다. 베란다 걸이대(야외)에 두고 키웠던 식물들을 실내로 들일 때도 꼼꼼히 살피고 예방 차원으로 약을 쳐주는 것이 좋습니다.

바람은 최고의 예방책

사람들도 면역력이 좋고 건강하면 각종 세균과 바이러스를 이겨내듯, 식물들도 평소에 튼튼하게 키우면 병과 해충을 보다 잘 이겨낼 수 있습니다. 식물을 튼튼하게 키우는 것은 빛, 물, 온도, 습도, 통풍 등 모든 것과 관계가 있어요. 내가 들인 식물이 어떤 환경을 좋아하는지 공부해야 하는 이유입니다. 특히 병과 해충을 예방하기 위해서는 습도와 통풍에 신경 써야 합니다. 공기가 너무 건조해도 문제고 너무 습해도 문제지만, 어떤 경우든 통풍이 불량하면 많은 해충들, 병원균이 창궐합니다.

화분들이 너무 다닥다닥 붙어있어도, 잎이 너무 빽빽해도 바람이 잘 통하지 않아요. 줄기가 너무 많고 잎이 빽빽하게 얽혀있는 곳은 가지치기를 하거나 잎을 솎아주어도 좋습니다. 그리고 흙 가까이 닿아있는 잎이나 흙 위에 떨어져 있는 잎들은 제거해줍니다. 나뭇잎이 흙 위에 떨어져 있으면 부패하며 곰팡이균이 생기고 벌레들의 은신처가 될 수 있습니다.

뿌리를 돌보기

식물을 돌보는 것은 달리 말해 뿌리를 돌보는 것이라고 합니다. 뿌리의 건강은 흙의 환경과 직결됩니다. 가드닝 초기에 저는 눈에 보이는 식물의 성장에만 신경을 썼지, 눈에 보이지 않는 흙 속의 뿌리 환경은 전혀 생각하지 못했어요. 하지만 좀 더 깊이 생각해보면 식물에게 있어서 뿌리가 가장 근본이 되며 뿌리가 건강해야 식물도 건강합니다. 비료나 농약을 과하게 쓰지 않는 것이 좋겠지요.

목초액

참나무를 원료로 6개월 이상 숙성시킨 천연 추출액입니다. 월 1회 정도 500~1000배로 물에 희석해서 흙이나 잎에 뿌려줍니다. 토양 속 유용 미생물 증식에 도움이 되고 여러 가지 유기화합물의 시너지 작용으로 농약과 비료 사용이 절감됩니다. 식물의 발근 촉진, 일조 부족 극복, 개화와 착과 수확량 높임, 퇴비 발효 촉진, 염류장해 해소, 토양 환경 개선 등의 효과를 볼 수 있어요.

하지만 갈색의 액체로 흰색 가구나 벽이 오염될 수 있고, 냄새가 강하다는 단점이 있습니다. 유묘(어린 식물) 사용은 조심합니다.

EM발효액

유용미생물 발효액(EM원액을 희석·발효한 액체)으로 물에 500~1000배 희석해서 흙이나 잎에 뿌려줍니다. 항균, 악취 제거, 뿌리 발육 촉진, 나쁜 미생물·부패균 활동 억제, 유기물 퇴비 발효 촉진, 토양 개량의 효과가 있어요. 유용한 미생물들을 넣어주어 토양 환경을 좋게 해주지요. 15~20일 이내에 사용해야 합니다. 역시 유묘(어린 식물) 사용엔 조심합니다.

유기질 퇴비 (부엽토/지렁이분변토)

'지구의 청소부'라고 불리는 지렁이는 자기 몸무게의 2~30배의 흙·유기물·미생물을 먹고, '분변토'라는 검은 흙똥을 눕니다. 지렁이분변토에는 식물에 유용한 영양분이 많이 들어있습니다. 농약과 비료로 점점 죽어가는 흙에 생명을 주고 밑거름이 되지요. 저는 지렁이분변토를 분갈이흙에 섞어 쓰거나 웃거름으로 사용하기도 합니다. 토양 환경 개선, 유용한 미생물 다량 서식, 유해균 발생·번식 억제, 식물 성장에 필요한 요소 다량 함유, 악취 흡수, 해충 방지의 역할을 합니다. 부엽토도 좋은 유기질 퇴비이지요. 저는 부엽토나 지렁이분변토는 떨어지지 않게 구비해 놓아요. 유기질 퇴비는 미생물이 살기 좋은 환경을 만들어주고, 흙이 떼알 구조가 되며 배수성·통기성이 좋아지고 화학비료의 사용량을 줄일 수 있습니다.

실내에서 해충이 잘 생기는 식물은 피하자

베란다에서 통풍이 조금만 불량해도 해충이 잘 생기는 식물들은 웬만하면 다시 들이지 않고, 그래도 꼭 키우고 싶다면 눈에 잘 띄는 곳에 두고 특별관리(가습기, 선풍기, 주기적인 잎샤워)를 해주거나 베란다 걸이대를 이용해 야외에 둡니다.

개인 경험상 라넌큘러스, 장미, 국화, 란타나, 양골담초, 치자, 강낭콩, 방울토마토, 대파, 허브류, 알로카시아, 칼라데아 진저, 뮬렌베키아(트리안), 소포라, 녹보수, 안스리움 폴리쉬스툼, 필로덴드론 글로리오섬 등이 그 예입니다. 물론 저의 가드닝 경험입니다. 이 식물들을 실내에서 다년간 해충 없이 잘 키우시는 실력자들도 분명 많으실 겁니다.

해충 발생 초기에 할 수 있는 친환경적 방제 방법

① 다른 식물에 전염되기 전에 해당 식물을 격리하고 피해가 발생한 잎은 잘라서 밀봉해 버리는 것이 좋습니다.

② 손으로 일일이 잡아줍니다. 장갑을 끼거나 물티슈나 칫솔을 이용하고, 아주 작은 해충들은 접착테이프에 붙여서 잡아도 좋습니다.

③ 화분 흙에 유충과 번데기 등이 있을 확률이 크므로 상부의 흙을 퍼서 밀봉해버립니다.

④ **잎 샤워** : 흙이 쏟아지지 않게 비닐 등을 씌우고 화분을 옆으로 기울인 후 샤워기로 잎의 앞뒷면을 꼼꼼하게 샤워시켜줍니다. 충해가 심하지 않을 때는 잎 샤워를 며칠마다 반복해주는 것만으로도 방제 효과가 큽니다.

⑤-1 **주방세제 희석액 분무** : 분무기에 물을 채워 주방세제를 1회 펌핑하고, 거품이 나도록 잘 흔들어줍니다. 잎의 앞뒷면과 잎겨드랑이, 잎줄기 모두 꼼꼼하게 흠뻑 뿌려줍니다. 해충의 호흡기를 막아 질식사시키는 방법입니다. 해충 발생 초기에는 농약 사용 없이 이 정도만으로도 식물의 줄기와 잎에 붙어 기생하는 웬만한 녀석들은 거의 물리칠 수 있습니다.

⑤-2 **마요네즈 희석액 분무** : 1L 플라스틱 생수통에 마요네즈를 6g(손가락 한 마디 정도) 넣어서 알갱이들이 다 풀리도록 마구 흔들어줍니다. 이것을 잎의 앞뒷면에 꼼꼼하게 뿌려주세요. 난황유의 역할을 하여 해충의 호흡기를 막습니다. 비율을 너무 높게 하거나 너무 자주 뿌린다면 기공까지 다 막아버리고 식물 성장에 문제가 될 수도 있어요.

농약을 쓰지 않으면 알과 번데기까지 없애기 힘들기 때문에 좀 더 자주 살피고, 위 순서에서 필요한 부분을 반복해야 합니다.

| 농약을 사용하기로 했다면

해충이 많이 번진 상태거나 병이 진행된 상태라면 농약을 쓰는 것이 좋습니다. 농약은 인터넷으로 판매하지 않기 때문에 농약사를 방문하여 그 병충해에 특화된 농약을 구입하여 포장지에 있는 농약 사용 방법, 희석 비율, 시기와 횟수, 주의사항을 상세히 읽고 지켜야 합니다. 독하면 좋지 않다는 생각에 용량을 적게 희석하거나 한 방에 없앨 심산으로 과하게 쓰게 되면 식물의 피해는 더 커질 수 있습니다. 물론 적정 농도로 써도 식물에 따라 약해가 일어날 수 있습니다. 농약을 쓸 때는 식물체 겉면에 물기가 마른 후, 아침이나 저녁 무렵 서늘할 때, 바람이 잘 통하는 곳에서, 바람을 등지고, 약제가 피부에 묻지 않도록, 모자·마스크·팔다리가 드러나지 않는 긴 옷·장갑을 잘 착용하고 살포하시길 바랍니다. 세 번 이상 쓰면 내성이 생기는 해충들도 있으므로 경우에 따라 두 가지 이상의 약제가 필요합니다.

○○ 해충

| 작은뿌리파리

어느 순간 화분 주변에 날아다니는 작은 날파리들…, 화분 흙에서 날아오르는 작은 날벌레들이 거슬린 적이 있나요? 작은뿌리파리입니다. 가드닝을 하면서 제일 자주, 제일 오래 볼 수 있는 해충이지요. 일반적으로 음식물 근처에서 볼 수 있는 초파리와 다른 점은 덩치가 좀 더 작고, 까맣고, 잡아보면 배의 끝부분이 뾰족합니다.

작은뿌리파리는 알에서 성충까지 약 한 달간 살아갑니다. 성충이 흙에 알을 낳으면 4일 후 부화되어 유충이 되고 유충(애벌레)은 15일간 식물의 뿌리를 자르거나 원뿌리 안으로 들어가 조직을 갉아 먹어 피해를 줍니다. 유충의 몸길이는 4㎜ 정도이고 머리는 검정색, 몸통은 투명합니다. 유충은 햇빛을 싫어하며 따뜻하고 수분이 많은 곳을 좋아해서 흙 속 식물 뿌리 부분에 서식합니다. 번데기를 거쳐 성충이 되는데 성충의 크기는 2㎜ 정도입니다. 따뜻하고 습한 계절에 더 많이 볼 수 있습니다. 작은뿌리파리를 퇴치하려면 유충과 성충을 동시에 잡아야 합니다.

천 적 : 뿌리이리응애(마일즈응애)

농 약 : 빅카드, 이미다클로프리드 입제(코니도 입제)

방제 방법

① 끈끈이트랩을 화분 주변 여기저기 설치합니다. – 성충을 잡아야 알을 낳는 것을 막을 수 있습니다.

② 생감자를 얇게 썰어서 빅카드 희석액에 푹 담근 후, 흙 위에 올려둡니다. 어두운 밤에 유충들이 감자 냄새를 맡고 올라와서 파티를 즐기고 장렬히 전사합니다. (감자에 바글거리는 것이 보이면 감자를 바로 밀봉해서 버려도 좋습니다.)

③ 물을 줄 때 빅카드를 2,000배 희석한 물을 화분에 흠뻑 부어줍니다. (한 달에 몇 회 반복) / 이미다클로프리드 입제(코니도 입제 등)를 흙 위에 한 티스푼 정도 뿌려줍니다. 물을 줄 때 농약이 녹아서 뿌리가 그 물을 흡수하여 물관을 타고 식물 전체에 퍼지므로 흡즙하는 해충(진딧물, 뿌리파리유충, 총채벌레 등) 대부분을 방제할 수 있습니다.

| 응애

거미강 진드기목 응애과의 0.2~1mm의 아주 작은 거미처럼 생긴 동물로 잎 뒷면에서 수액을 빨아먹으며 피해를 입히는 해충입니다. 통풍이 불량하고 건조하면 잘 생길 수 있습니다. 응애는 너무 작아서 육안으로 발견하기 힘들기 때문에 잎에 얇은 거미줄이 생긴 상태가 된 후 충해를 발견하는 경우가 많아요.

성충뿐 아니라 유충과 약충도 식물의 즙을 빨아먹어 피해를 줍니다. 피해를 받은 잎은 바늘로 찔린 듯 하얀색의 점이 나타나며 잎이 전체적으로 노랗게 되어 잎이 떨어지기도 합니다.

 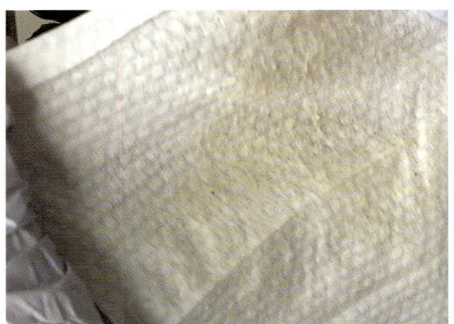

　번식력이 엄청나기에 주기적으로 식물의 잎의 앞뒷면을 자세히 살펴보는 것이 좋고, 물티슈로 잎의 뒷면을 닦아보면 응애의 사체가 누렇게 묻어납니다.

　응애는 곤충이 아니므로 살충제가 아닌 응애 전용 약제를 사용해야 하는데, 성충뿐 아니라 알까지 없앨 수 있는 살비제를 식물체 전체에 적시고, 흘러내릴 정도로 충분히 살포해야 합니다. 살비제를 한 번만 살포하게 되면 밀도가 잠시 감소하였다가 다시 더 증가할 수 있으므로, 반드시 일주일 간격으로 3회 이상 살포해야 합니다. 응애는 동일한 계통의 약제를 여러 번 사용하면 내성이 생기므로 여러 가지로 돌려가며 사용하는 것이 좋습니다. 천적 곤충을 이용하면 친환경적이고 안전하다는 장점이 있습니다. (인터넷에서 구입 가능)

천 적 : 칠레이리응애, 사막이리응애
농 약 : 쇼크, 파발마, 살비왕, 섹큐어 등

| 깍지벌레

건조하고 통풍이 불량하면 잘 생기는 매미목의 깍지벌레로 식물의 줄기나 잎 앞뒷면에 기생하여 즙을 빨아먹습니다. 성충은 대략 2~4㎜ 정도입니다. 알→약충→성충으로 자라는데, 부화 약충은 움직임이 활발해서 나뭇가지, 잎 사이를 이동하며 적당한 곳이 나타나면 즙액을 빨아먹다가 다시 새로운 곳으로 이동합니다. 성충이 될수록 움직임이 활발하지 못하므로 한 곳에 붙어서 흡즙하며 알을 낳습니다. 주로 황갈색을 띠는 깍지벌레와 작은 솜뭉치처럼 보이는 가루깍지벌레가 있습니다. 가지나 잎에 붙어 수액을 빨아먹으며 끈적한 액을 분비물로 냅니다. 성충이 되면 단단한 밀랍을 덮어쓰기에 농약을 살포해도 침투가 잘 되지 않아서 방제가 힘들어요. 발생 초기에는 물티슈나 칫솔로 긁어내고 피해가 심한 잎이나 줄기는 잘라버리는 것이 좋습니다.

농 약 : 매머드 등

진딧물

매미목 진딧물과. 몸길이 1~4㎜로 연한 어린잎이나 줄기에 잔뜩 붙어 식물의 즙액을 빨아먹습니다. 사실 진딧물에는 무당벌레만큼 좋은 게 없습니다. 무당벌레 한 마리가 진딧물 약 1,000마리를 먹어치우거든요. 온실가루이, 응애, 나방류, 알 등도 포식합니다. 하지만 요즘 도시에서는 무당벌레를 찾아보기 힘들지요. 제일 좋은 방법은 화분을 옆으로 눕혀서 잎에 있는 진딧물을 샤워기로 깨끗이 씻어내는 것입니다. 충해가 너무 심한 가지는 회생이 불가합니다. 다른 곳에 전염되기 전에 해충이 바글거리는 가지는 잘라버리는 것이 좋아요.

진딧물이 있다면 개미가 있는지 확인하세요. 무당벌레가 진딧물을 공격하면 진딧물은 페로몬을 분비해 개미에게 SOS를 치고, 개미는 진딧물에게 달려와 무당벌레를 쫓아내고 진딧물의 분비물을 먹는 공생관계랍니다.

천 적 : 무당벌레

농 약 : 비오킬, 이미다클로프리드 입제 등

총채벌레

성충

잎 뒷면의 유충

고온건조하고 통풍이 불량할 때 잘 생깁니다. 성충은 짙은 갈색·검은색의 가늘고 긴 형체로 1~2㎜ 정도입니다. 잎에 바늘자국 같은 회색, 갈색의 상처가 생기며 잎이 마르고, 어린잎은 기형으로 나올 수 있습니다. 알→유충→번데기→성충이 되기까지 15일 정도 걸리며 애벌레나 성충은 주로 어린 잎이나 꽃봉오리에 들어가 즙액을 빨아먹습니다. 성충과 애벌레는 발견 즉시 일일이 손으로 잡는 것이 좋고 (접착테이프를 이용하면 좀 더 간편), 화분을 기울여 잎의 앞뒷면을 샤워기로 깨끗이 씻어냅니다. 잎의 내부 조직에 알을 낳고, 번데기는 흙 속에 있기 때문에 박멸이 쉽지 않습니다. 농약을 쓴다면 일주일 간격으로 3회 정도 쓰고, 흙도 소독해주는 것이 좋습니다. 약에 대한 내성이 생기므로 같은 약을 반복해서 쓰는 것을 피합니다. 총채벌레는 청색을 선호하므로 청색 끈끈이트랩을 흙 위나 식물체 사이에 걸어두는 것도 도움이 됩니다.

천 적 : 뿌리이리응애(마일즈응애)는 흙 속 번데기를 포획
농 약 : 빅카드, 총진싹, 디노테퓨란·클로르페나피르 등

| 온실가루이

성충의 몸길이는 1.5㎜ 정도로 아주 작고 흰색의 나방처럼 보이는 곤충입니다. 알에서 성충까지 3~4주가 소요되고 잎 뒷면에 서식하며 알을 낳습니다. 고온을 좋아하고 단기간에 급속히 증식되며 잎의 즙액을 빨아먹어 잎의 색깔이 옅어지고 식물체가 약해집니다. 배설물이 그을음병을 유발할 수 있습니다.

농 약 : 이미다클로프리드, 매머드, 아세타미프리드 수화제 등

| 민달팽이

야행성이라 낮에는 잘 보이지 않고 밤에 나와서 식물의 잎을 갉아 먹어요. 축축하고 어두운 곳을 좋아하므로 통풍이 잘 되게 하는 것이 좋습니다.

농 약 : 팽이싹

방제 방법 : 민달팽이가 잘 올라올 수 있도록 낮은 용기에 맥주를 붓고 담배를 잘게 잘라 넣거나 담뱃가루를 넣습니다. 그늘진 화분 근처나 화분의 흙을 조금 파서 용기를 묻어둡니다. 맥주의 효모 냄새를 맡은 민달팽이는 맥주 용기에 빠지고 담배의 독성으로 죽게 됩니다.

○○ 병해

식물 전염성 병의 주요 원인은 균류(곰팡이), 세균, 바이러스입니다.

균류에 의한 병이 대부분이고, 고온 다습한 곳에서 잘 발생하며 해충이나 기공, 식물의 상처를 통해 전염됩니다. 병이 든 식물을 발견하면 다른 식물들에게 전염되지 않도록 격리시키고 증상에 맞는 살균제를 써야 합니다. 무슨 병인지 모르겠다면 병해가 생긴 식물의 모습을 사진으로 여러 장 자세히 찍어서 농약사를 방문합니다.

바이러스는 병을 일으키는 가장 미세한 병원체로 주로 진딧물이나 총채벌레 등의 해충들과 가위나 가드너의 손에 의해서도 전염된다고 알려져 있습니다. 바이러스는 치료 약제가 없습니다.

병해가 생긴 잎·줄기는 소독한 칼이나 가위로 잘라 버리고, 피해가 심각하다면 다른 식물에 전염되지 않도록 해당 식물을 제거하는 것이 좋습니다. 사용한 도구들은 깨끗하게 씻거나 소독을 한 후 재사용해야 합니다. 병이 발생한 화분의 흙은 소독하거나 버리고, 화분도 깨끗이 세척하고 필요에 따라서는 소독 후 재사용해야 합니다.

| 무름병 (연부병)

식물체가 물러져서 썩고 물컹해집니다.

어두운 갈색 혹은 까맣게 변하고 그 부위가 점점 번지며 악취가 납니다. 해충이나 오염된 흙, 상처, 물관 등에 의해서 전염됩니다. 물기를 많이 가지고 있는 식물들(다육식물, 제라늄, 알로카시아·드라코 등 목대가 생긴 관엽식물)의 경우 고온다습하거나 통풍이 잘 되지 않으며 흙이 과습일 때 잘 발생합니다. 무름병을 예방하기 위해서는 바람이 잘 통하게 하고 물이 잘 빠지는 흙에 심는 것이 좋습니다. 무름병이 생기면 깨끗한 부분이 나올 때까지 감염된 부분을 소독한 칼로 말끔하게 잘라내고 잘린 단면을 말려줍니다. 살균제를 뿌려줄 수도 있습니다.

살균제 : 베노밀, 다이센, 스트렙토마이신 수화제 등

| 탄저병

갈색 점무늬가 잎과 줄기에 생기고 점차 큰 원형이 됩니다. 반점 주변은 짙은 갈색이고 죽은 부분은 회백색이 됩니다. 고온다습한 계절, 장마철에 잘 발생하고 해충이나 상처 등으로 전염됩니다. 병든 잎은 제거하고 살균제를 뿌려줍니다.

살균제 : 디치수화제, 타로닐수화제, 프로피수화제 등

잿빛곰팡이병

다습하며 통풍이 잘 되지 않을 때, 장마철에 잘 발생합니다. 잎 가장자리부터 갈색으로 변하고 잎 전체가 말라 버립니다. 병반 주변에는 물결 모양의 주름이 생기고 작고 검은 점이 나타나며 솜털 같은 회색 곰팡이가 생깁니다. 병해가 생긴 부위를 얼른 제거해야 합니다.

살균제 : 베노밀, 사이프로디닐, 플루디옥소닐 등

흰가루병

낮은 습도, 일교차가 심할 때, 질소비료가 과다할 때 등 다양한 조건에서 통풍이 불량하면 잘 발생합니다. 잎과 줄기에 흰 가루 형태의 반점이 생기고, 발생한 후에는 습도와 상관없이 식물체 전체에 넓게 퍼져나갑니다. 하얀 밀가루가 뿌려진 것처럼 보이고, 심해지면 하얀 덩어리들이 붙어있는 모습입니다. 사철나무, 배롱나무, 수국, 장미 등에 흔히 발생합니다. 흰 가루가 보이면 그 부분은 빨리 제거해주는 게 좋습니다.

친환경적 예방·치료 방법 : 우유 30%+물 70%를 섞어서 분무해주고 햇빛을 잘 보게 합니다. 일주일 간격으로 반복합니다.

살균제 : 베노밀, 마이클로뷰타닐 수화제, 메트라펜논 액상수화제 등

그을음병

잎에 그을음을 발라놓은 듯한 증상으로 원형 흑갈색 병반이 나타납니다. 습하고 그늘진 곳, 통풍이 불량하면 잘 발생합니다. 진딧물, 깍지벌레, 총채벌레와 같이 수액을 빨아먹는 해충의 분비물에 의해서 번식하고 병원균이 직접 식물을 가해합니다. 해충으로 인한 것이 많으므로 살충제를 사용해야 할 수 있습니다.

살균제 : 다이센, 다코닐 등

○○ 비료

유튜브 "바로가기" QR ◀

| 과유불급

식물이 자라는 데는 물, 햇빛 이외에도 영양분이 꼭 필요합니다. 식물은 거름의 힘으로 살아간다고 해도 과언이 아니에요. 식물은 땅으로부터 '물'과 '영양분'을 섭취해야 살 수 있습니다.

비료는 흙의 생산력을 높여 식물이 잘 자라도록 뿌려주는 영양물입니다. 식물이 뿌리를 뻗어서 부족한 영양분을 스스로 찾도록 흙에 주는 것입니다. 비료는 식물의 성장이 활발한 생장기(대부분의 실내 관엽식물의 경우 5월~9월)에 사용하고, 2주에 한 번, 혹은 한 달에 한 번 줍니다.

비료 사용에서 가장 중요한 것은? 용량 준수! 비료가 과하면 웃자라거나 병충해를 불러올 수 있어요. 심하게는 역삼투압 현상이 일어나 영양분과 수분이 오히려 뿌리에서 흙으로 빠져나갈 수도 있어요. 김장할 때 배추(식물의 뿌리)를 소금(비료)에 절이면 배추에 있던 수분이 빠지고 물이 생기는 상황을 떠올려보세요. 그러면 좀 더 쉽게 이해가 될 것 같습니다.

| 이럴 때는 비료를 쓰지 않아요.

① 거름기 있는 새 흙으로 심은 후 3~6개월 정도까지는 별도의 시비가 필요하지 않아요. 하지만 물을 줄 때 물구멍으로 물이 줄줄 흘러나가게 주면 영양분도 같이 줄줄 흘러나갑니다.

② 휴면기(대부분의 실내 관엽식물의 경우 겨울)에는 성장이 멈추므로 물과 양분이 많이 필요하지 않아요.

③ 병을 앓고 있거나 과습으로 뿌리 상태가 좋지 않을 때 비료를 주면 양분을 흡수하느라 에너지를 더 쓰게 되고 상태가 더 나빠질 수 있어요.
④ 뿌리가 약하거나 뿌리가 거의 없는 경우 비료를 쓰면 있던 뿌리도 다 녹일 수 있어요.

식물 생장의 필요한 영양소

식물의 필수 영양소는 17가지인데, 그 중 산소, 수소, 탄소는 물과 공기에서 자동적으로 공급되므로 신경 쓸 필요가 없습니다. 식물이 아주 많이 필요로 하는 성분(다량영양소)은 N(질소), P(인), K(칼륨), Ca(칼슘), Mg(마그네슘), S(황) 6가지입니다. 상대적으로 적은 양이 필요한 미량 영양소로는 Cl(염소), Fe(철), Mn(망간), B(붕소), Zn(아연), Cu(구리), Mo(몰리브덴), Ni(니켈)이 있습니다. 필요한 양이 적은 것이지, 중요하지 않은 것은 아닙니다. 모든 영양분이 골고루 있어야 식물이 건강하게 잘 자랍니다.

N (질소)

잎과 줄기가 잘 성장하게 도와주고 광합성 능력을 촉진합니다. 초기 성장에 필요하며 성장이 왕성해질 때까지 계속 필요한 성분입니다. 결핍되면 잎이 노랗게 되고 성장에 문제가 생깁니다. 과다하면 잎이 진한 녹색이 되고 무성해지며, 줄기와 잎이 약해져서 병해충이 생기게 되고, 꽃식물은 꽃눈이 잘 생기지 않습니다.

P (인산=인)

세포분열과 식물 생장을 촉진하며 꽃, 열매가 풍성하게 맺히도록 도와줍니다. 부족하면 뿌리 발달이 나빠지고 꽃의 크기가 작아지며 과다하면 다른 양분의 흡수를 저해합니다. 인산 비료는 생장 후기나 꽃이 피기 전에 주는 것이 좋습니다.

K (칼륨=가리)

효소의 활성화, 광합성 산물을 수송, 기공 세포의 삼투조절을 합니다. 줄기와 뿌리·구근이 튼튼하게 자라게 해주고 꽃이나 열매를 살찌게 합니다. 병충해에 대한 저항력, 추위나 더위에 대한 저항력을 길러줍니다. 결핍 시 뿌리가 약해져서 잘 썩고, 꽃의 결실이 잘 이루어지지 않으며 잎의 가장자리가 갈변합니다.

식물이 양분을 잘 흡수하는 산도의 범위는 약한 산성에서 중성 사이(pH5.5~6.5)입니다. 다량 영양소인 N, K, Ca, Mg, S과 미량 영양소인 Mo, B는 중성에서는 잘 녹지만 산성에서는 녹지 않는 물질이 되며, 반면 Fe, Mn, Zn, Cu, Co는 중성에서 녹지 않습니다. 산성의 흙에서는 알루미늄 함량이 높아지고, 그 독성 때문에 뿌리털의 생육이 저해됩니다. 염기성 흙에서는 영양소의 흡수율이 낮아져 식물에 영양 결핍 증상이 일어날 수 있습니다. 또한 질소와 칼륨 비료를 과다 사용하면 흙이 산성화되고, 석회나 인을 과다사용하면 염기성 흙으로 변합니다. 그래서 한쪽의 비료를 과하게 사용하면 비료 간의 균형이 깨져서 흙의 건강이 나빠지고, 안 쓰니만 못한 결과를 초래합니다.

| 비료의 종류

유기질 비료

화학비료가 아닌 유기물(동물의 뼈나 분뇨, 식물)로 만든 비료입니다. 썩는 것은 다 유기물이라고 보면 됩니다. 유기물이 흙 속에 들어가면 미생물들이 달라붙어 분해를 시키는데, 곰팡이가 피고 썩는 것, 즉 발효되는 과정을 거쳐야 식물에게 영양을 줄 수 있습니다.

유기물로 만든 비료에는 농업, 임업, 축산업, 수산업 등에서 나온 부산물을 발효시켜 만든 부숙 유기질 비료(=퇴비)와 부숙 과정 없이(발효 없이) 단순 포장해놓은 어박, 골분, 유박의 유기질 비료가 있습니다.

유기물이 더 이상 썩지 않고 미생물에 의해 분해가 다 된 상태를 '부숙'이라고 합니다. 부숙 유기질 비료(=퇴비)는 가축의 분뇨(계분, 돈분, 우분), 짚이나 낙엽을 발효시켜 만든 퇴비, 부숙겨, 부엽토 등이 있습니다. 잘 부숙된 퇴비는 발효 과정에서 열이 발생하여 병원균과 잡초 씨앗이 다 죽게 되고 좋은 성분이 만들어져 악취가 없어지고 좋은 흙냄새가 납니다.

부엽토는 수십 년간 떨어진 나뭇잎과 식물의 사체를 수많은 박테리아와 균이 분해시켜 놓은 짙은 밤색의 폭신폭신한 흙입니다. 숲에 가면 많이 볼 수 있죠. 하지만 산 흙을 퍼와서 실내 화분에 쓰기엔 위험 요소가 큽니다. 각종 벌레의 알, 개미가 가득할 수 있거든요. 잘 부숙된 좋은 퇴비에는 미생물이 많고, 분갈이 흙에 10~20% 섞어서 쓰면 식물에게 좋습니다. 악취가 안 나는 잘 발효된 것이어야 합니다. 미생물에 의해 잘 발효되어 냄새가 덜 나는 퇴비는 실내가드닝에서도 충분히 사용할 수 있습니다.

어박, 골분의 동물성, 대두박 등 식물성 유박의 유기질 비료는 부숙 과정 없이 단순포장한 것이므로 흙과 만난 후 곰팡이가 피고 썩는 냄새가 나며 발효가 됩니다. 비료의 효과는 발효가 된 후(곰팡이가 사그라든 후)에 나타나겠죠. 유기물이 썩고 분해되는 과정에서 가스와 유기산이 나와서 식물의 싹과 뿌리를 해칠 수 있기 때문에 노지에서는 보통 가을에 주고 흙을 갈아엎습니다. 그러면 봄에 씨앗을 뿌리고 작물을 심기 좋은 흙이 됩니다.

그래서 발효가 되지 않은 유박 등을 실내가드닝에 쓰는 것은 보편적으로 추천하지 않습니다. 굳이 쓰려면 뿌리가 닿지 않는 화분 아래쪽에 밑거름으로 주는 것이 좋겠지요. 특히 반려동물을 키우는 집에서는 식물성 유박을 조심해야 합니다.

식물에서 기름을 짜낸 찌꺼기(깻묵)을 원료로 한 유박은 고소한 냄새가 나며 사료같이 생겼습니다. 여러 가지 식물성 유박 중 가장 저렴한 원료는 피마자(아주까리)인데 '리신'이라는 독성물질이 있어 동물이 먹으면 치사율이 높고 아주 위험합니다. 공원이나 밭에 뿌려놓은 유박을 동물들이 먹고 피해를 입는 사례들이 종종 있으니 주의해야 합니다.

이러한 유기물 비료는 화학비료보다 효과는 느리지만 좀 더 오래도록 지속됩니다. 그리고 흙 속의 유용미생물에 좋은 환경을 제공하며 식물에게 필요한 다량영양소뿐 아니라 미량영양소도 포함되어 있어 종합영양제와 같다고 볼 수 있습니다. 저는 성장기 식물은 부엽토나 지렁이분변토를 분갈이 흙에 10~20% 섞어서 쓰고 있습니다.

이렇게 퇴비를 쓰고 식물이 커감에 따라 추가로 화학비료를 연하게 쓰는 것도 식물의 생장에 좋은 효과를 줍니다.

무기질 비료 (화학 비료)

식물에게 필요한 영양분을 화학적 반응으로 인위적으로 만든 화학 비료입니다. 동·식물 등에서 나온 유기질 비료보다 효과가 빨리 나타나지만 오래가지 못하는 편이라 자주 사용해야 하고, 뿌리에 직접 닿거나 너무 많이 주면 뿌리가 상할 수 있습니다. 그렇기 때문에 희석 비율을 잘 지켜서 또는 좀 더 연하게 희석하여 시비하는 것이 안전합니다.

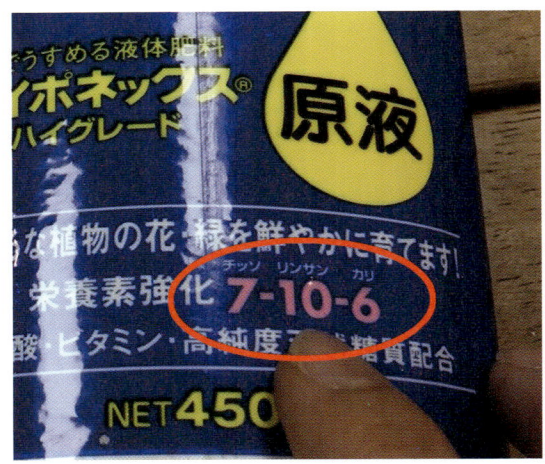

비료에 쓰인 세 개의 숫자는 다량영양소의 함량을 나타낸 것으로 'N(질소)-P(인산)-K(칼륨)'의 순서입니다. 이 순서는 세계 공통 불변입니다.

잎을 보는 관엽식물은 보통 질소(N) 비율이 높은 성장기용 비료를 주고, 꽃을 피우는 식물은 평소에는 성장기용 비료를, 꽃눈을 만들 시기에는 인(P)의 비율이 높은 개화용 비료를 줍니다.

액상형 비료

원액이므로 설명서에 나온 희석배율을 꼭 지켜서 연하게 사용해야 합니다. 효과가 빨리 나타납니다.

성장용 / 개화용이 따로 있습니다.

앰플형 비료

이미 물에 희석된 비료이므로 뚜껑을 따서 흙에 꽂아줍니다.

완효성 알갱이 비료

흙 위에 적정량을 올려두면 물을 줄 때 비료 성분이 조금씩 천천히 녹아 들어갑니다. 효과는 3~6개월 지속됩니다.

분말형 비료

희석배율대로 물에 녹여서 사용합니다.

성장용 / 개화용이 따로 있습니다.

저는 화학비료를 그다지 많이 쓰진 않습니다. 챙겨야 할 식물이 너무 많다 보니 물주기만으로도 바빠서 비료까지 챙길 정신이 없달까요. 분갈이할 때 유기질 퇴비인 부엽토나 지렁이분변토를 좀 섞어주고, 봄이나 가을에 완효성 알갱이 비료를 흙 위에 좀 올려주는 식입니다. 분갈이를 몇 개월에 한 번, 길면 연 1회, 대형화분은 2년에 1회는 해주는 편이고, 분갈이를 잘 못해주는 화분에는 비료를 꼭 챙겨주려고 노력합니다.

| 엽면시비

비료를 흙이 아닌 잎에 주는 방법으로 식물은 잎의 기공으로 영양분을 흡수합니다. 대부분 식물은 잎의 뒷면(아랫부분)에 기공이 있지만 외떡잎식물의 경우 양쪽에 골고루 있기도 합니다. 엽면시비를 할 때는 기공의 위치가 있는 곳에 분무해주어야 효과적이겠지요.

엽면시비를 하면 적은 양으로도 효과가 신속히 나타나고 흙에서 흡수하기 어려운 망간(Mn), 아연(Zn), 구리(Cu), 철(Fe) 흡수에 유리합니다. 또 흙의 환경이 좋지 않거나 뿌리의 기능이 약할 때 좋은 효과를 볼 수 있습니다.

하지만 엽면시비를 필요 이상으로 한다면 뿌리의 기능이 떨어질 수 있고, 기공 이외의 주변으로도 분사되기 때문에 비료의 불필요한 낭비가 많다는 단점이 있습니다.

Q&A

Q. 과일 껍질이나 원두 찌꺼기를 거름으로 주면 좋을까요?

▶ 과일 껍질, 원두 찌꺼기 등을 말려서 바로 흙에 넣어주시는 분들도 계신데, 유기물이 썩게 되면서 악취와 곰팡이가 많이 생기게 되고 각종 벌레가 꼬일 수 있습니다. 사람들도 장 건강을 위해서는 장 속 유해균보다 유익균이 많아야 한다고 하지요. 식물도 마찬가지예요. 실내가드닝에서는 유기물이 썩고 삭아서 박테리아와 균에 의해 분해가 된 상태의 비료를 쓰시는 게 여러모로 좋습니다. 발효되지 않은 것은 유해한 가스, 이산화탄소를 발생시키고 나쁜 세균이 많아져 흙의 상태도 나빠지고 뿌리 건강에도 피해를 줄 수 있습니다.

Q. 미원을 비료로 쓰면 좋나요?

▶ 미원은 글루타민산나트륨(MSG)으로 아미노산의 일종입니다. 그래서 질소 비료의 효과가 있긴 합니다. 하지만 일반 아미노산 비료에는 20개의 아미노산이 있지만, 미원에는 글루타민 1개만 있습니다. 질소 함량도 비료보다 훨씬 낮고요. 1kg당 가격을 따져봐도 아미노산, 요소 비료보다 훨씬 비쌉니다. 비료보다 효과는 좋지 않고 가격도 훨씬 비싸다면 굳이 미원을 사서 비료로 쓸 필요는 없겠지요. 하지만 집에 미원이 남아돈다면 비료로 사용해도 괜찮겠습니다. 제가 자주 하는 말인데, 가드닝은 과학입니다. '카더라 통신'을 따라 하기 전에 과학적으로 따져볼 필요가 있습니다.

Q. 꽃 피는 식물인데 꽃을 안 피워요.

▶ 질소 비료를 많이 준 것은 아닐까요? 질소 비료가 과다하면 잎이 무성해지고 꽃을 만들지 않습니다.

비료 이외의 환경을 생각해볼까요? 꽃을 만들려면 햇빛이 많이 필요합니다. 햇빛이 부족한 곳에서는 에너지가 부족해서 꽃눈을 올리지 못해요.

그리고 겨울 추위를 겪어야 꽃눈을 만드는 온대 식물을 겨울 동안 따뜻한 실내에 두면 꽃눈을 만들지 않습니다. 그것도 아니라면 해가 진 저녁에도 형광등이나 LED의 인공 빛에 노출된 것이 아닐까요? 단일식물은 빛보다 어둠이 길어진 계절에 꽃눈을 만들어요. 자연의 섭리를 거스르게 되면 꽃피울 계절에 꽃을 못 보게 됩니다.

○○ 가지치기

유튜브 "바로가기" QR ◀

관상의 목적, 식물을 좀 더 건강하게 자라게 하기 위해 식물의 가지를 자르고 다듬는 것을 '가지치기', '전지(剪枝)', '전정(剪定)'이라고 합니다. 똑같은 식물이라도 가지치기를 어떻게 하느냐에 따라 풍성하고 탐스럽게 자랄 수도 있고, 키만 멀대같이 커서 볼품없어지기도 합니다. 가지치기는 식물이 어릴 때부터 해 나가는 것이 좋습니다. 식물이 너무 성장하고 나서 수형을 잡으려면 식물에게 타격이 크고, 줄기에도 자른 흔적이 크게 남게 되며, 원하는 수형을 만들기가 어렵습니다.

가지치기에 앞서서 식물의 생장점에 대한 이해가 있다면 어디를 얼마나 잘라야 할지 결정하는 데 도움이 됩니다.

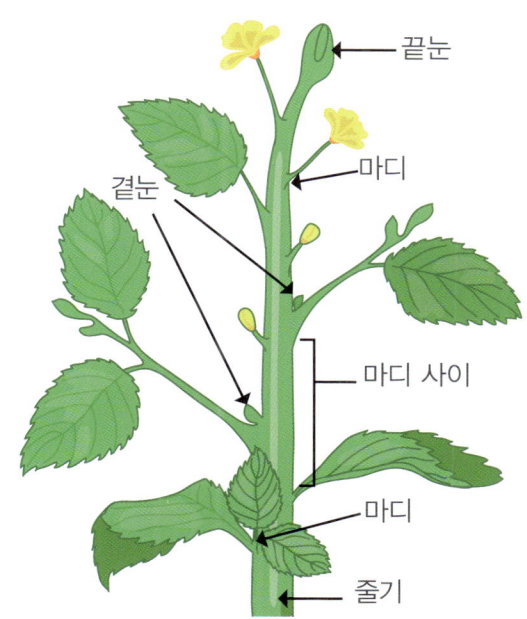

식물의 줄기는 빛을 향해 위로 자라고, 뿌리는 물과 양분을 찾아 땅속으로 자랍니다. 식물의 줄기와 뿌리를 자라게 하는 것은 식물의 줄기 끝과 뿌리 끝에 있는 생장점(정단분열조직)입니다. 생장점은 길이 성장에 관여하는 부분인데, 언제나 끝부분(끝눈)의 생장이 우선이 되므로 어느 정도 키를 키울 때까지는 곁가지를 올리지 않고 계속 위로만 자랍니다. 다른 식물들 사이에서 키를 더 키워야 좀 더 햇빛을 많이 받을 수 있는 자리를 선점할 수 있어서일까요? 자연 속에서는 키를 높이 키운 후에야 곁눈이 분열하여 곁가지들을 올리게 됩니다. 하지만 실내에서 키울 때는 적절한 시기에 끝눈(제일 위의 생장점)을 잘라주어 곁가지를 나오게 해주면 아담하고 풍성하게 키울 수 있습니다. 곁가지 중에서도 혼자 길어지는 우세한 가지는 잘라주어야 다른 가지들도 균형 있게 자랍니다.

중구난방으로 가지가 웃자라서 버려진 브룬펠시아를 데려와서 새 흙으로 분갈이하고 강전정(줄기를 상당히 많이 잘라냄)했더니 잎이 떨어졌던 자리, 마디에서 싹이 돋기 시작했어요. 길어진 줄기는 주기적으로 가지치기를 하니 점점 곁가지들이 많이 나와서 풍성해지고 있습니다.

가지치기 과정

가지치기 후 아래쪽 잎이 떨어진 자리에서 곁순이 나오는 모습

① 내가 원하는 수형을 생각해봅니다. 어디서 새로운 줄기가 뻗어 나올지 예상해봅니다.

② 새로운 줄기가 나올 자리 윗부분을 가지치기합니다.

③ 줄기가 잘리면 그 바로 아래쪽의 잎겨드랑이나 마디에서 곁순이 돋습니다.

④ 새로 나온 줄기가 자라면 또 끝순을 잘라서 곁가지를 유도합니다.

| 외목대 토피어리 만드는 방법

알사탕 같은 풍성한 토피어리 모양으로 만들려면 어릴 때부터 꾸준히 가지치기를 해 주는 것이 효과적입니다. 가지치기를 통해 중심목대는 더욱더 굵어지고 튼튼해지며 웬만한 비바람에도 흔들리지 않는 나무가 됩니다. 곁가지가 나오는 위치는 잎겨드랑이, 마디, 잎이 떨어진 자리입니다. 양분이 충분하고 여러 환경이 좋다면 많은 곳에서 새순을 내지만, 대부분의 경우 가지치기로 잘린 바로 아래 마디에서 새순이 나옵니다.

① 주 생장점을 건드리지 말고 중심 줄기 아래쪽의 곁줄기와 잎들을 제거하며 키를 키웁니다.

② 원하는 키가 되었을 때 중심 줄기의 제일 위 순(생장점)을 자릅니다.

③ 곁가지가 길어지면 그 생장점도 제거합니다. 이것을 계속 반복합니다.

    가지치기를 반복해가며 한 그루의 단단한 나무로 자라가는 식물을 보면 우리 인생에서도 꾸준한 가지치기가 필요함을 느낍니다. 인생을 살면 살수록 삶이 참 녹록지 않습니다. 어느 것 하나 쉽지 않아요. 우리를 끊임없이 괴롭히는 일, 우울, 불안, 남들과의 비교, 욕심, 집착, 교만, 인간관계…. 다른 이들도 끄집어 내리고, 나의 영혼도 끄집어 내리는 수많은 것들…. 내 마음 가지치기도 꾸준히 해야 합니다. 그러다 보면 어느새 웬만한 폭풍우에도 끄떡없는, 뿌리 깊은 튼튼한 내면의 소유자가 되어 가겠지요.

○○ 번식

대부분의 사람들이 '식물 번식'하면 가장 먼저 떠올리는 것이 씨앗을 심어 싹을 내는 '파종'일 것입니다. 그러나 실내 관엽식물들의 경우 꽃을 보기가 쉽지 않으며, 씨앗을 맺는 것은 더 힘들고 번거롭기 때문에 줄기를 잘라 삽목(꺾꽂이)으로 번식하는 경우가 대부분입니다.

| 삽목(꺾꽂이)

 유튜브 "바로가기" QR ◀

'삽목(挿木)'은 나무를 땅에 꽂는다는 의미로 식물의 가지나 잎을 잘라낸 후 뿌리를 내리게 하여 새로운 식물 개체를 만드는 번식 방법입니다. 삽목을 통해서 모체와 동일한 형질의 식물을 번식시킬 수 있습니다.

삽목 방법

① 삽목(삽목할 가지)의 단면이 오염되지 않도록 가위나 칼을 소독합니다. 약국에서 쉽게 구입할 수 있는 에탄올이나 알콜 스와프로 닦거나 불에 달궜다가 식혀서 사용하면 좋아요.

② 건강한 가지·줄기를 선택합니다. 오래 묵어 목질화된 가지보다는 그해에 새로 자란 가지가 성공률이 높습니다.

③ 삽수의 길이를 10㎝ 이하로 자릅니다. 너무 길게 자르면 뿌리를 내리기 힘듭니다.

④ 단면이 45도 정도가 되도록, 단면이 뭉개지거나 갈라지지 않도록 날카로운 칼이나 가위로 단번에 깔끔하게 자릅니다. 물을 흡수하는 단면적이 넓어집니다.

⑤ 삽수에 달려 있는 잎을 최소화합니다. 뿌리가 없는 상태이므로 달려 있는 잎이 많거나 크다면 증산 작용과 광합성으로 에너지를 많이 쓰게 되어 삽수가 금방 시들 수 있어요. 삽수 윗부분에 잎 2~3장 정도 남아 있도록 하고 아래쪽 잎은 모두 제거합니다. 달려 있는 잎 크기가 크다면 가위로 잘라 잎의 면적을 줄입니다.

⑥ 잘린 단면에서 액이 나온다면 흐르는 물에 씻고 단면을 살짝 말려줍니다.

⑦ 삽목 용토가 촉촉하도록 물을 주고 삽수가 흔들리지 않게 꽂습니다. 삽수가 자꾸 흔들리면 실패할 확률이 높아집니다.

⑧ 겉흙이 마르면 물을 줍니다. 흙이 계속 축축하지 않도록 (촉촉하도록) 관리합니다. 흙이 바싹 마르면 삽수도 마릅니다.

⑨ 바람이 통하는 밝은 음지에 둡니다. 증산 작용, 광합성을 최소화하여 뿌리 내리는 데 에너지를 쏟을 수 있도록 햇빛이 강하거나 바람이 센 곳에는 두지 않습니다. 1~2주 후부터는 반음지 정도로 옮겨줍니다.

삽목 후 온습도

적절히 따뜻한 온도(20℃ 전후)와 공중습도 50% 이상을 유지해주면 뿌리를 빨리 내립니다. 15℃ 이하에서는 뿌리내리는 시간이 오래 걸리고, 25℃ 이상에서는 세균 번식이 활발해져서 삽수가 무르거나 썩을 확률이 높아집니다. 새잎이 났다고 반드시 뿌리가 난 것은 아니므로 자꾸 흔들어보거나 뽑아보지 맙시다. 공중습도가 낮다면 비닐봉지를 씌워주어 습도를 높이는 것도 방법입니다. 환기가 아예 안 되면 곰팡이가 생길 수 있습니다.

삽목 용토

삽목 용토는 통기성이 좋되 보수성도 좋아야 합니다. 항상 촉촉해야 삽수가 마르지 않습니다. 하지만 흙에 공극이 없이 축축하다면 삽수는 썩습니다. 비료 성분이 많아도 삽수는 썩어버리기 때문에 거름기가 없는 무균상태의 용토가 좋습니다.

무비상토, 피트모스, 굵은 모래, 녹소토, 펄라이트, 질석, 하이드로볼, 수태 등이 많이 쓰입니다.

성공률 높은 녹소토 삽목

녹소토를 물구멍이 있는 화분에 담고 흐르는 물에 미세한 가루들을 씻어줍니다. 녹소토는 물을 머금는 보수성도 좋지만, 입자가 커서 용토 사이사이 공극이 많아 통기성도 좋습니다. 가볍기 때문에 뿌리가 쉽게 뻗어나가고 삽목 용기를 엎어서 삽수를 뺄 때도 뿌리가 덜 끊깁니다. 하지만 녹소토가 늘 촉촉하도록 화분 받침에 항상 물이 자작하게 부어져 있어야 합니다.

| 물꽂이

삽수의 단면이 물에 잠기도록 해서 뿌리를 내는 방법입니다. 물에 잠긴 부분은 뿌리가 잘 날 수 있도록 어둡게 해주는 것이 좋습니다. 빛이 차단되는 갈색 음료병을 이용하거나 투명 용기에 어두운 색 양말 등으로 빛을 차단해주면 좋습니다. 삽수와 단면에 물곰팡이가 생길 수 있기에 주기적으로 새 물로 갈아주거나 흐르는 물에 곰팡이를 씻어서 없애줍니다. 물꽂이로 뿌리를 어느 정도 내면 흙에 심어줍니다.

| 정식하기

정식(定植)이란 식물을 재배할 흙에 완전하게 심는 것으로 '아주심기'라고도 합니다. 뿌리 내린 삽수를 배양토에 심어주는 것입니다. 뿌리의 환경이 급격하게 바뀌면서 과습으로 식물의 상태가 나빠질 수 있으므로 배수성·통기성이 좋은 흙으로 심고, 뿌리 크기에 맞는 작은 화분을 선택합니다. 이 화분에서 뿌리가 많이 찬 후에 화분 크기를 여유롭게 키워줍니다.

포기나누기

식물이 여러 개의 포기로 번식하여 풍성해지고 화분이 꽉 찼을 때, 분갈이를 하며 포기나누기를 할 수 있습니다. 뿌리가 달린 채 번식시키는 방법이므로 비교적 간단하게 여러 개체로 늘릴 수 있습니다.

① 화분에서 식물을 꺼냅니다.

② 마른 잎이나 상한 잎을 제거합니다.

③ 오래된 흙을 털고 아래쪽의 돌돌 말린 뿌리를 풀거나 잘라냅니다.

④ 손으로 쉽게 나눌 수 없다면 가위나 칼을 사용해서 칼집을 냅니다.

⑤ 손으로 반을 나눕니다.

⑥ 원하는 포기로 더 나눌 수 있습니다.

⑦ 오래된 뿌리, 상한 뿌리, 시든 줄기, 오래된 흙들을 털어주고 정리합니다.

⑧ 크기에 맞는 화분에 각각 옮겨 심습니다.

⑨ 물을 충분히 주어 뿌리가 흔들리지 않도록 하고 반음지에서 요양시킵니다.

○○ 여행 시 실내 식물 관리

유튜브 "바로가기" QR ◀

며칠씩 집을 비울 때 식물들은 어찌하나요? 저의 경험으로 미루어보면 미리 조치를 취하고 간다면 봄·가을은 일주일~열흘, 겨울은 2주까지도 괜찮았습니다. 여름휴가 1주일까지도 괜찮았습니다. 너무 걱정이 되는 식물은 믿을만한 이웃에게 맡기는 것이 최고로 좋겠지만, 식물들은 우리 생각보다 훨씬 더 강합니다.

물

출발 전날이나 출발 당일 아침에 물을 듬뿍 주거나 저면관수 해두고 떠나면 말라죽는 일은 거의 없었습니다. 그러기 위해서는 식물들의 물주는 시기를 미리 조절하는 작업이 있어야겠지요.

　물을 특히 좋아하는 식물들은 흙 위에 젖은 바크나 마사로 멀칭해주면 물마름이 훨씬 느려집니다. 이도 저도 없으면 젖은 신문지를 흙 위에 잘 덮어두어도 좋습니다.

　수도가 있는 곳에 젖은 수건을 넓게 펼치고 그 위에 화분을 놓아둔 후 수건으로 물이 똑똑 떨어지도록 해놓는 방법도 있습니다. 또는 테이블 위에 물을 담은 대야를 두고 길다란 천을 통해 수분이 화분 흙에 전해지도록 하는 방법도 있습니다.

햇빛

집을 비우는 일수가 길수록 빛은 포기합니다. 빛이 강할수록, 온도가 높을수록, 통풍이 잘 될수록 증산작용이 활발해지고 물마름이 빨라집니다. 조금 웃자라도, 식물이 햇빛을 찾아 창 쪽으로 살짝 휘어진다해도 집에 돌아와서 다시 빛을 잘 쬐어주면 괜찮습니다. 식물생장등이 너무 가깝지 않은 거리에서 자동으로 온 오프 되거나 원격제어가 된다면 가장 이상적이지요. 하지만 부재가 길어지면 식물생장등으로도 증산작용이 활발해져서 흙이 빨리 마르기 때문에 원격제어가 안된다면 조명은 아예 끄고 가는 것이 낫습니다.

온도

더운 여름에 햇빛이 들어오는 자리에 식물을 두고 가는 것은 위험할 수 있습니다. 어느 정도 차광이 되고(반음지, 밝은 음지) 너무 덥거나 너무 춥지 않은 장소로 화분들을 다 모아두는 것이 좋습니다.

통풍

콘센트 타이머

저는 한겨울을 제외하고는 베란다 창문을 늘상 열어놓고 살아서 집을 며칠 비울 때도 베란다 창문 한 뼘은 열고 가는 편입니다. (여름에는 비 소식이 없다면 베란다 창문을 다 열고 가고, 추운 겨울은 냉해를 입을 수 있으니 닫아놓고 갑니다.) 에어써큘레이터가 타이머로 자동 온오프되거나 원격제어된다면 이상적입니다. 이 때도 식물이 직접적인 바람을 맞지 않도록 해주는 게 좋습니다.

○○ 잎이 처지고 노랗게 되는 이유

유튜브 "바로가기" QR ◀

식물 잎이 처지거나 떨어지거나 노랗게 되는 이유는 몇 가지가 있습니다. 어떤 경우에 해당되는지는 흙과 식물 상태를 꼼꼼히 보아야 합니다. 절대 영양제부터 꽂지 마세요.

| 잎이 처지고 떨어져요

첫째, 물 부족

흙이 바싹 말라있고 잎이 축 처졌다면 얼른 물을 주세요. 흙이 너무 바싹 말라 있는 상태라면 흙 전체가 골고루 적셔지기까진 시간이 걸리고 급하게 물을 주다 보면 흙 속에 나있는 물길로만 물이 빠져나갈 수 있으므로 저면관수를 하는 것이 좋습니다.

둘째, 과습

겉흙이 젖어있거나 손가락으로 흙을 살살 파보았을 때 흙이 축축한데 잎이 처졌다면 과습일 확률이 높아요. 과습이라면 잎 끝부분부터 채소 썩듯이 검게 타들어가며 물러지는 경우가 많아요. 이 때는 바람이 잘 통하는 반음지에 두고 얼른 흙을 말려줘야 합니다. 선풍기를 약하게 틀어주어도 좋고 나무 젓가락으로 흙 사이사이를 푹 찔렀다가 흙을 뒤집어 흙이 빨리 마르게 하고, 뿌리 쪽에 공기가 잘 통하도록 합니다.

그러나 이 단계를 넘어섰다면 엎어야 합니다. 화분을.

이 경우는 배수성이 좋지 않은 흙일 가능성이 높습니다. 그도 아니라면 뿌리가 상해서 기능을 잃었을 수 있어요. 흙을 털고 까맣게 썩어 있거나 속이 텅 비어있는 뿌리들을 제거합니다. 소독한 가위로 잘라주시면 됩니다. 관엽식물이라면 뿌리에 묻어있는 흙을 깨끗이 씻어내고 뿌리를 물에 담그는 심폐소생술(CPR)을 합니다. 기력을 찾을 때까지 수경재배로 돌리는 것이지요. 뿌리 뿐만 아니라 줄기까지 무른 경우는 괜찮은 줄기를 잘라서 물꽂이를 합니다.

수경재배가 힘든 관목류는 녹소토, 산야초 등 가볍고 입자가 큰 알갱이들을 많이 넣어 배수성 좋게 배합한 흙으로 분갈이해줍니다.

셋째, 갑작스런 환경 변화

아무리 양지를 좋아하는 식물이라도 음지나 반음지에 있다가 갑자기 강한 빛을 본다거나 갑작스런 고온·저온에 노출되면 적응이 힘들어서 잎이 처지고, 잎들을 후두둑 떨어뜨릴 수 있습니다. 다시 원래 있던 자리로 보냈다가 서서히 변화를 주세요.

넷째, 분갈이 몸살

분갈이를 하면서 뿌리를 많이 정리했거나, 뿌리는 많이 잘렸는데 상체의 잎은 무성한 상태라면 분갈이 후 잎이 처질 수 있습니다. 무성한 잎을 유지하며 증산작용을 하려면 뿌리가 물을 잘 흡수해야 하는데, 잔뿌리들이 많이 떨어져나갔다면 당분간 물 흡수 능력이 떨어지겠지요. 그래서 잎은 더욱 처집니다.

이럴 경우 그 식물에게 인큐베이터 온실을 제공합니다. 투명한 플라스틱통에 넣거나 비닐봉지를 씌워주어 공중 습도를 80~90%까지 높여주는 것이지요. 그러면 증산작용이 덜 일어나면서 촉촉한 공기에 기운을 차리고 잎이 다시 올라옵니다. 그래서 뿌리 가지치기를 많이 할 때는 줄기나 잎도 적절히 가지치기를 해야 균형이 맞아요. 뿌리를 건드린 분갈이 후 바로 강한 햇빛을 봐도 잎이 처질 수 있어요.

우리도 이사한 후에는 휴식이 필요하듯 식물도 마찬가지랍니다. 뿌리를 건드리며 새 화분과 새 흙으로 이사한 후에는 바람이 잘 통하는 반음지에서 며칠 요양시켜주시면 안전합니다.

다섯째, 자연스런 하엽

식물이 성장하면서 오래된 잎, 유묘(어린 식물)일 때의 잎은 자연스레 노래지고 처지면서 마릅니다. 제일 아래쪽의 잎만 그렇고, 위쪽의 다른 잎들은 건강해보인다면 걱정할 필요가 없습니다.

| 잎이 노래져요

잎이 노래지는 원인으로는 여러 가지의 경우가 있습니다.

질소 영양소 결핍, 철과 마그네슘 결핍, 토양 산도의 문제 (흙이 산성화 됐을 때, 염기성 땅에 호산성 식물을 심거나 산성 땅에 호염기성 식물을 심었을 때), 수분 부족 혹은 과다, 빛 부족, 온도의 문제일 수도 있습니다.

이렇게 경우의 수가 많다면 어쩌라는 걸까요?

① 먼저 화분 속 흙을 파보고 수분 부족 상태인지, 과다 상태인지 판단합니다.
② 분갈이를 언제 했는지 떠올려 봅시다. 흙이 오래되어 영양소가 다 빠지고 뿌리가 화분에 꽉 찼다면 넉넉한 화분에 새 흙으로 분갈이하면 됩니다. 흙을 털어내고 거름기 있는 새 흙으로 갈아주면 영양소와 산도 문제는 대부분 해결됩니다. 그런데 당분간 분갈이를 못해준다면?
③ 비료나 웃거름을 줍니다. 윗흙을 숟가락으로 퍼내고 새 흙이나 부엽토, 지렁이분변토 등을 위에 뿌려줍니다.

식물이 죽었다면

　생명을 죽였다는 생각에 마음이 좋지 않고 '내가 뭘 잘못했을까?' '역시 난 식물 키우기엔 소질이 없어.'하며 자신을 탓하는 분들이 많습니다. 그러나 솔직히 말해 실내 공간은 식물들이 살아가기엔 참으로 적절하지 못한 공간입니다. 아니, 가혹한 공간이지요. 그러니 식물이 죽었다고 너무 자책할 필요는 없습니다. 내가 할 수 있는 만큼 해줬다면 쿨하게 보내주세요. 내 탓이라기 보다는 식물의 수명이 다한 거라고 생각하세요. (실내에서 식물의 수명은 짧을 수밖에 없습니다.)

　식물이 내 곁에 있는 동안 기쁨을 충분히 누리고, 마음의 위안을 받았다면 그걸로 충분해요. 삶과 죽음은 인간의 영역이 아니니 너무 슬퍼하거나 노여워마시길 바랍니다. 세상은 넓고, 아름다운 식물은 수없이 많으니 또 다른 식물로 그 자리를 채우고, 식물의 유익을 계속 누리시길 바랍니다. 경험치가 쌓이며 여러분의 레벨이 한 단계 올라가는 것을 믿어 의심치 마세요.

○○ 가드닝 도구

모종삽
크기가 다른 종류 두세 가지 있는 것이 편합니다.

장갑
손바닥이 코팅되어 있는 것이 좋아요.

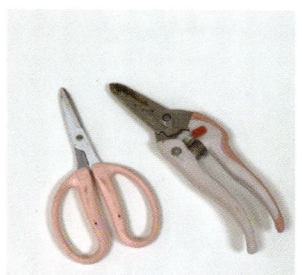

가위
잎이나 줄기를 자를 때, 가지치기할 때 사용합니다. 잘 드는 주방 가위를 사용해도 되지만, 나뭇가지를 자르고 철사를 자르는 용도는 따로 구입하시는 게 좋아요.

물조리개
입구가 좁은 것이 흙이 덜 파입니다.

분무기
건조한 계절에는 분무를 자주 해주는 것이 좋아요. 엽면 시비, 약을 칠 때도 필요합니다. 식물이 많을 경우는 압축분무기가 편합니다.

분갈이매트
방수기능이 있는 매트가 있으면 분갈이할 때 편해요.

흙통
낡은 대야나 큰 플라스틱통을 재활용합니다.

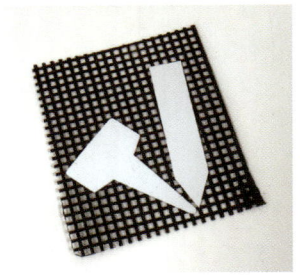

깔망
깔망은 물구멍 크기에 맞게 잘라서 사용합니다.

이름표
식물을 구입한 후 이름을 기록해두면, 후에 재배방법 등을 찾아볼 때 유용합니다.

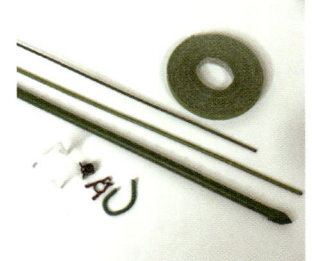

지지대, 집게나 벨크로
지지대도 길이나 굵기별로 구입할 수 있습니다. 집게나 철사로 지지대에 고정해도 되지만, 철사는 식물이 성장하면 줄기를 파고들 수 있어요.
부드러운 식물 벨크로도 있습니다. 피자고정핀도 유용합니다.

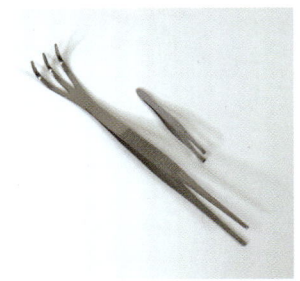

핀셋
다육식물이나 제라늄 순따기·마른 잎 정리에 유용합니다.

분재 철사

수형을 만들어줄 때, 길게 자라는 식물들 리스를 만들어줄 때 사용합니다.

에어블로워

줄기나 잎 사이의 흙이나 물, 이물질을 제거하기 좋습니다. 특히 다육식물 재배 시 유용합니다.

제2장

실내 관엽식물

○○ 스킨답서스

유튜브 "바로가기" QR ◀

영명	Golden pothos
속	Epipremnum
과	천남성과
원산지	남태평양 솔로몬 제도
난이도	최하

어떤 환경에서도 잘 적응하며 공기 정화능력도 좋은, 가드닝 초보자들에게 '나도 그린썸이 될 수 있다'는 자신감을 줄 만큼 가장 기르기 쉬운 식물입니다. 관리가 소홀해도 병충해가 잘 생기지 않아요. 덩굴성 식물로 벽이나 기둥을 타고 오르기도 하고, 걸이용 화분에서 길게 늘어지게 키울 수도 있습니다.

| 빛 | 반음지에서 밝은 음지가 적합합니다. 햇빛이 너무 많이 들어오는 곳에서는 잎이 타고 잘 자라지 못해요. 어두운 곳에서도 성장이 느립니다. |

| 온도 | 18~24℃의 따뜻한 기온에서 잘 자랍니다. 겨울에 최저 10℃ 이상을 유지해주는 것이 좋아요. |

| 물 | 봄~가을에는 겉흙이 마르면 물을 주고, 추운 겨울에는 물주기 텀을 길게 잡아 속흙까지 모두 마르면 물을 줍니다. 과습일 땐 잎이 누렇게 되면서 줄기가 어두운 색으로 변하며 무릅니다. 물이 부족하면 잎이 얇아지고 축 처지며 노랗게 마른 잎들이 생깁니다. 흙이 말라서 화분이 가벼워졌을 때 물을 주면 제일 안전합니다. 습도가 높은 것을 좋아하므로 자주 분무해줍니다. 수경재배로도 잘 자랍니다. |

| 번식 | 길어진 줄기를 잘라서 물에 담가두면 뿌리가 자라는데, 이것을 수경재배하거나 흙에 심으면 쉽게 번식할 수 있습니다. 공기뿌리(기근) 포함하여 잎자루가 붙은 줄기(마디)를 잘라야 합니다. |

 ▶ 유튜브 "바로가기" QR

스킨답서스 픽터스 '엑조티카'

○○ 몬스테라

유튜브 "바로가기" QR ◀

영명	Swiss Cheese plant
속	Monstera
과	천남성과
원산지	열대 아메리카, 멕시코 남부
난이도	최하

어떤 환경에서도 잘 적응하여 키우기 쉽고 공기정화효과, 가습효과도 뛰어난 식물입니다. 몬스터처럼 크게/잘 자라고, 아주 강건한 식물이지요. 병충해가 별로 없고, 과습이나 건조에도 강합니다. 더 마음에 드는 건 추위에도 강해서 베란다에서 거뜬히 새 잎까지 내며 잘 지낸다는 것이죠. 잎도 두껍고 빳빳해서 흐느적거리지 않아요.

몬스테라는 열대 우림의 키가 큰 나무들 밑에서 햇빛을 조금이라도 더 받기 위해 나무들을 타고 오르며 잎을 크게 키웁니다. 쏟아내리는 강한 빗줄기에 넓은 잎이 찢어지는 것을 막기 위해, 그리고 아래쪽의 어린 잎들도 햇빛을 받아야 하기 때문에 성장할수록 새로 나는 잎은 점점 더 구멍이 많이 뚫려서 나와요. 스토리가 있는 식물이라 아이들이 있는 집에서 키우는 재미가 있습니다.

빛	열대 우림의 키가 큰 나무들 밑에서 자라던 종이라 실내 반음지에서 잘 큽니다. 무늬가 있는 종은 좀 더 빛을 많이 받아야 무늬가 잘 유지됩니다.
온도	20~26℃에서 가장 잘 자라고 겨울에도 13℃ 이상에서는 계속 성장합니다. 10℃ 전후에서는 잎의 컨디션을 잘 유지하는 편이고, 5~8℃에서는 휴면상태로 생존합니다.
물	5~9월까지는 화분의 겉흙이 마르면 물을 줍니다. 가을부터는 점차 물주는 횟수를 줄이고 추운 겨울에는 속흙까지 모두 마르면 줍니다. 13℃ 이하에서는 흙을 건조하게 관리합니다.
번식	 공기뿌리를 살려서 마디를 자른 후 물꽂이로 뿌리를 더 내린 후 흙에 심습니다. 마디에서 새순이 뾰족 튀어나옵니다.
분갈이·뿌리	뿌리 발달도 아주 잘 되기 때문에 화분에 뿌리가 차서 물구멍으로 튀어나온다면 분갈이를 해야 합니다. 성장이 주춤하다면 뿌리를 확인하세요.
덩굴성 식물	지지대를 해주면 위로 타고 올라가며 새로 나는 잎크기가 점점 커집니다. 적당한 두께의 수태봉이나 코코봉에 줄기를 묶어주면 좋습니다. 몬스테라는 성장이 빠르고 공간을 많이 차지하는 식물입니다.

 ▶ 유튜브 "바로가기" QR

기근(공기뿌리) 잘라도 되나요?

식물의 형태와 구조에는 다 이유가 있습니다. 덩굴식물들은 무언가를 붙잡고 위로 타고 오르기 위해 기근이 꼭 있어야겠지요. 지지대를 세워주지 않으면 몬스테라가 성장함에 따라 큰 덩치가 화분 밖을 마구 기어나와서 감당이 안될 거예요. 수태봉이나 코코봉을 꽂아주고 기근이 수태봉을 붙들 수 있도록 유도해주시면 위풍당당하고 멋있게 자랍니다. 물론 기근이 길어지고 많이 나와서 지저분해보이면 잘라도 됩니다.

○○ 스파티필름

영명	Peace lily
속	Spathiphyllum
과	천남성과
원산지	콜롬비아, 베네수엘라
난이도	하

스파티필름은 넓고 윤기나는 잎이 아름다우며 꽃을 피우는 몇 안되는 실내관엽식물입니다. 흰 색의 꽃잎처럼 보이는 것은 사실 불염포(꽃을 감싸고 있는 변형된 잎)이고, 불염포 안의 작은 도깨비 방망이 같은 것이 진짜 꽃입니다. 꽃가루가 떨어지면 돌기가 있는 꽃 부분만 가위로 잘라버리면 됩니다.

실내 오염물질을 제거하는 능력이 탁월하며 특히 아세톤, 벤젠, 포름알데히드 제거 능력이 뛰어납니다. 병해충에 대한 저항력이 큰 편이지만 과습이 되고 통풍이 잘 되지 않으면 잎이 무르며 짙은 갈색의 반점이 잎 끝에서 시작하여 잎 전체로 확대되면서 까맣게 마릅니다.

빛	음지에서도 무난하게 자라지만 어느 정도 빛이 있어야 꽃을 피우기 때문에 햇빛이 간접적으로 들어오는 반음지에 두시면 좋습니다.
온도	16~25℃에서 잘 성장하고, 겨울에는 10℃ 이상을 유지하는 것이 좋습니다.
물	물을 좋아하는 편입니다. 봄부터 가을까지는 화분의 겉흙이 마르면 물을 줍니다. 가을부터는 점차 물주는 횟수를 줄이고 추운 겨울에는 속흙까지 모두 마르면 줍니다. 잎이 얇아지며 힘없이 처질 때 물을 듬뿍 주면 다시 싱싱해집니다. 공중습도 높은 것을 좋아하니 건조한 계절엔 자주 분무해 줍니다. 수경재배로도 잘 자랍니다.

번식   뿌리가 화분에 가득 차고 자잘한 자구들만 생기며 꽃을 피우지 못할 때가 있습니다. 그럴 때는 분갈이를 하며 포기 나누기를 해서 심습니다.

무늬스파티필름

○○ 싱고니움

유튜브 "바로가기" QR ◀

영명	Arrowhead vine
속	Syngonium
과	천남성과
원산지	중앙아메리카
난이도	하

식물 초보자들에게 강력 추천하는 식물입니다. 가늘고 긴 화살촉 모양의 잎에 색깔과 무늬도 아주 다양해서 취향대로 선택할 수 있고, 어떤 환경에서든 키우기 아주 쉽고 병충해도 거의 없습니다.

빛 키 큰 식물들 사이로 들어오는 부드러운 햇빛=반음지에서 잘 자랍니다. 무늬가 있는 종류는 좀 더 빛을 많이 받아야 무늬가 잘 유지되므로 반양지에 두는 것이 좋습니다.

온도 16~24℃의 온도에서 잘 생장하고 겨울에는 최저 10℃ 이상을 유지하는 것이 안전합니다.

물 과습만 조심하면 됩니다. 싱고니움은 여리여리한 생김새와는 다르게 건조에 강한 편입니다. 봄~여름에는 화분 흙이 반 정도 마르면 물을 주고, 가을부터는 점차 물 주는 횟수를 줄입니다. 추운 겨울에는 속흙까지 모두 마르면 따뜻하고 맑은 날에 물을 줍니다. 공중습도 높은 것을 좋아하니 건조한 계절엔 자주 분무해줍니다. 수경재배로도 잘 자랍니다.

번식 키우다보면 줄기가 길어지면서 기근이 생기는데 기근을 포함해 길어진 줄기를 잘라서 물꽂이를 합니다. 뿌리가 많아지면 흙에 옮겨 심습니다. 옆으로 자구를 많이 올리는 것은 포기 나누기를 합니다.

지지대 덩굴식물이기 때문에 줄기가 길어지면 지지대에 줄기를 묶어주어도 좋습니다.

○○ 테이블야자

영명	Parlour palm
학명	Chamaedorea elegans
과	야자과
원산지	멕시코, 과테말라
난이도	하

단언하건대 정말 많은 야자류 중 제일 키우기 쉬운 야자입니다. 천천히 성장하며 작게 자라는 소형종으로 테이블 위에 두고 키우기 좋다고 '테이블야자'란 이름이 붙었습니다. 저를 식물덕후로 이끌어준 식물, 과습만 조심하면 웬만해선 죽지 않습니다. 새 잎은 뾰족한 막대처럼 힘차게 나오는데 새의 깃털같이 잎이 조금씩 펼쳐지는 과정이 재미있습니다. 자라면서 주기적으로 꽃도 피우는데 그다지 볼품은 없어서 잘라주면 됩니다. 오래 키우면 잎줄기가 탈락하면서 마디가 생기고 목대처럼 보입니다. 공기가 건조하고 통풍이 불량하면 응애나 깍지벌레가 활동하기 쉬우니 건조한 계절에는 자주 분무해주는 것이 좋습니다.

빛	창문을 통과한 온화한 햇빛, 반음지에서 잘 자랍니다.
온도	18~26℃에서 잘 생장하고 겨울에는 10℃ 이상에서 관리합니다. 최저 5℃ 이하로 내려가지 않도록 합니다.
물	봄부터 가을까지는 화분의 겉흙이 마르면 물을 줍니다. 가을부터는 점차 물주는 횟수를 줄이고 추운 겨울에는 속흙까지 모두 마르면 줍니다. 가끔씩 전체적인 잎 샤워를 시켜주며 물을 주는 것이 좋고 건조한 계절엔 자주 분무해줍니다.
번식	오래 키우다 보면 옆으로 자구를 올리는데 포기 나누기를 하여 번식할 수 있습니다.

오래 키우면 목대가 생깁니다.

테이블야자의 꽃

○○ 필레아 페페로미오이데스

유튜브 "바로가기" QR ◀

영명	Chinese money plant
학명	Pilea peperomioides
과	쐐기풀과
원산지	중국 남부
난이도	하

키우기 정말 쉽고, 동그란 잎이 사방으로 펼쳐진 모습이 귀여운 식물입니다. '필레아페페'라고 불리면서 많은 분들이 페페로미아로 생각하시는데, 정확히는 필레아속 식물이에요. 잎들이 모두 햇빛을 받을 수 있게 사방으로 쫙쫙 펼쳐진 배려와 공생의 아이콘입니다. 잎과 줄기가 두껍고 빳빳하기 때문에 건조에 강하고 대신 과습에는 약하겠지요. 오래 키울수록 나무처럼 목대가 생기며 뿌리 주위로 작고 귀여운 자구들을 쉴 새 없이 올리는 출산의 여왕입니다. 병해충이 거의 없으면서 관리도 쉽고 번식도 스스로 잘하기 때문에 가드닝 초보자에게 강력 추천합니다.

- **빛** 햇빛이 잘 들어오는 창 가, 반양지~반음지에서 가장 잘 자랍니다.
- **온도** 18~25℃의 따뜻한 기온에서 잘 자랍니다. 겨울에도 흙을 건조하게 관리하면 10℃ 이상에서 무난하게 지낼 수 있어요.
- **물** 흙이 모두 마른 후 물을 주세요. 겨울에는 물주기 텀을 더 길게 늘이고 흙을 건조하게 관리합니다.
- **번식** 흙이나 목대에서 올라오는 새 줄기들을 똑똑 따서 작은 화분에 심어주면 그대로 새로운 개체가 탄생! 작은 식물 하나에서 손쉽게 몇 배로 늘릴 수 있습니다.

○○ 호야

> 영명　　Wax plant
> 속　　　Hoya
> 과　　　박주가리과
> 원산지　동남아, 호주 등지
> 난이도　하

열대·아열대에 걸쳐 100여 종이 있을 정도로 종류가 다양합니다. 호야는 다육식물처럼 잎과 줄기가 두껍고 통통합니다. 몸에 수분을 많이 가지고 있어서 건조에 강하다는 말이지요. 덩굴성 식물로 지지대를 해주어 위로 감아 키워도 되고, 행잉화분에서 아래로 늘어뜨리며 키울 수도 있습니다.

빛　　내음성이 좋아서 음지에서도 잘 견디지만 반양지의 밝은 빛을 좋아합니다. 햇빛을 잘 보여주면 무늬종들은 잎에 예쁘게 물이 들고, 더 건강하게 자라며 꽃도 잘 피웁니다. 잎겨드랑이에서 꽃대가 나와서 많은 꽃이 별 모양으로 둥글게 피며 향기가 나는데, 이 별무리의 꽃을 보고 나면 호야의 매력에 흠뻑 빠지게 됩니다.

온·습도　기온 20~25℃, 공중습도 50~70%에서 가장 잘 성장하고, 겨울에 흙을 건조하게 관리한다면 10℃까지는 잘 지냅니다. (품종에 따라 월동온도는 조금씩 다릅니다.) 공기가 건조하고 통풍이 불량하면 깍지벌레가 생기기도 합니다.

물　　속흙까지 모두 말라서 화분이 가벼워지면 물을 듬뿍 주고 통풍을 잘 시켜줍니다. 추운 겨울에는 흙을 더 건조하게 관리합니다. 물이 부족하면 두꺼운 잎이 얇아지며 쪼그라들고, 과습되면 뿌리썩음병·무름병이 발생합니다.

흙	나무나 바위에 착생하여 자라던 식물이기 때문에 뿌리가 호흡을 잘 할 수 있도록 배수성·통기성 좋은 흙에 심어야 합니다. 저는 상토 50% + 알갱이흙 50% 정도로 배합해서 분갈이합니다.
번식	전년생 가지를 잘라서 꺾꽂이로 번식합니다. 잎만 자르면 뿌리는 나지만 새 잎이 나지 않으니 생장점이 포함되도록 가지를 잘라서 삽목합니다.

호야 카노사 바리에가타

호야 켈리아나 바리에가타

호야 리사

호야 꽃

○○ 보스턴고사리

유튜브 "바로가기" QR ◀

영명   Boston fern
학명   Nephrolepis exaltata
과   고란초과
원산지   열대지역
난이도   하

'먹는 고사리? 이것도 먹을 수 있어?'라고 묻는 분들이 참 많아요. 먹지 마세요. 눈에 양보하세요. 작은 잎들이 깃털모양으로 오밀조밀 붙어서 풍성한 폭포수처럼 흐르는 싱그러움과 아름다움을 가진 식물입니다. 실내에서 많이 키우는 고사리 종류로는 아디안텀, 프테리스, 후마타, 헤미오니티스(하트펀), 파초일엽(아스플레니움/아비스), 더피고사리, 박쥐란 등이 있습니다. 그 중 보스턴 고사리는 특히 흙 건조에 강한 편이고, 관리가 쉬우면서도 포름알데히드를 제거하는 능력까지 최고입니다. 또한 증산율와 습도조절능력이 뛰어나서 '자연가습기'라고도 불리지요.

빛	고사리 종류는 보통 음지식물이라고 알려져있어요. 내음성이 강해서 음지에서도 잘 견디는 것은 사실이지만, 빛이 부족한 곳에서는 잎 색깔이 연해지고 보기 싫게 웃자라거나 곧잘 시들어버립니다. 햇빛이 적당히 들어오는 밝은 반음지가 가장 좋아요.
온도	15~30℃의 따뜻하고 습한 기후에서 잘 성장합니다. 서서히 추위에 적응하면 최저 5℃까지 겨울베란다에서 거뜬히 잘 지냅니다.
물	겉흙이 마르면 잎을 샤워시키며 물을 듬뿍 주고 10℃ 이하에서는 흙을 좀 더 건조하게 관리합니다. 공기가 건조하면 잎끝이 마르고, 물이 부족하면 잎이 전체적으로 바싹 마릅니다. 잎에 자주 분무해주면 좋습니다.
번식	풍성해지면 포기나누기로 번식합니다.
흙	보수성·통기성이 좋고 약산성인 토양을 좋아하기 때문에 피트모스를 섞어주면 좋습니다.

보스턴고사리 무늬종

○○ 아라우카리아

영명	Norfolk island pine
학명	Araucaria heterophylla
과	아라우카리아과
원산지	남태평양 노포크 섬
난이도	하

저희집은 몇 해 전부터 아라우카리아로 크리스마스트리를 꾸밉니다. 가지들이 연약한 편이라서 실처럼 얇은 LED점멸전구를 감고 부직포나 폼폼이 같은 가벼운 크리스마스 오너먼트만 달 수 있어요. 평소에는 베란다 구석에 지내다가 겨울에는 실내에서 들어와서 크리스마스트리로 아이들의 주목을 받는데, 성장이 느려서 몇 해가 지나도 크기 변화가 거의 안 느껴집니다. 한 해에 한 층 정도 자랄 정도입니다. 아라우카리아는 가지가 층을 이루면서 나는데 새로 자란 바늘잎은 밝은 녹색이고 뽀송뽀송 고양이 발처럼 부드러우며 시간이 지날수록 점점 짙어집니다. 공기정화능력도 좋으면서 어느 장소에서든 잘 적응하여 자라고, 관리가 쉬운 식물입니다. 그리고 조금 넉넉한 화분에 심어두면 분갈이를 자주 안해줘도 되니 참 고맙기도 합니다.

빛	직사광선에서도 잘 크지만 빛이 부족한 장소에서도 잘 적응하여 자랍니다. 실내 반양지~반음지에서 키웁니다. 여름에는 강한 빛을 차광해줍니다.
온도	18~22℃에서 잘 성장하고 겨울에는 최저 5℃ 이상을 유지해줍니다. 더위를 타는 편이라 한여름 고온일 때는 잎들이 처지고 힘들어할 수 있으니 바람이 잘 통하는 밝은 반음지에 둡니다.
물	봄~가을까지는 겉흙이 충분히 마르면 물을 주고, 겨울에는 속흙까지 다 마른 후 줍니다. 물이 부족하면 수평으로 뻗은 잎들이 아래로 처집니다. 높은 습도를 좋아하니 종종 분무를 해줍니다.
번식	가지를 삽목하여 번식합니다. 하지만 시간이 아주 오래 걸리는 편입니다.
지지대	줄기가 굵어질 때까지는 지지대를 세워 곧게 자라도록 해야 휘지 않아요.

○○ 홍콩야자

영명	Dwarf umbrella tree
학명	Shefflera arboricola
과	두릅나무과
원산지	뉴질랜드, 인도네시아 자바섬
난이도	하

우리나라 유통명은 '홍콩야자'이지만 실은 야자과가 아닌 두릅나무과 식물입니다. 아기손바닥 혹은 우산을 쫙 펼친 것 같은 모양으로 반짝반짝 광이 나고 단단한 잎이 귀여워요. 관리가 수월해서 초보자도 쉽게 키울 수 있습니다.

- **빛** 햇빛을 좋아하는 편이라 반양지에서 키웁니다. 하지만 내음성이 강해서 반음지에서도 잘 자랍니다.
- **온도** 18~25℃에서 잘 생장하고 겨울에는 5℃ 이상을 유지합니다.
- **물** 건조에 강한 식물입니다. 봄부터 가을까진 화분 흙이 대부분 마르면 물을 줍니다. 겨울에는 흙을 더 건조하게 관리하며 속흙까지 마르고 며칠 후에 물을 줍니다. 수경재배로도 잘 자랍니다.

번식·가지치기

길게 자란 줄기가 있다면 가지치기를 하여 물꽂이를 하고 뿌리가 많이 나오면 흙에 심습니다. 위로만 연약하고 길게 자랐다면 끝순의 생장점을 제거하여 그 아래로 곁가지들이 나오도록 합니다. 곁순이 또 자라면 끝순을 제거해주며 풍성하게 키울 수 있습니다.

주의 공기가 건조하고 통풍이 불량하면 깍지벌레·응애가 퍼질 수 있습니다. 물을 줄 때 전체적으로 잎 샤워를 시켜주거나 건조한 계절엔 자주 분무해주세요.

○○ 필로덴드론

속	Philodendron
과	천남성과
원산지	남아메리카
난이도	하

코로나19 팬데믹으로 홈가드닝 열풍이 불면서 종류도 다양하고 이국적인 모습이 매력적인 열대 관엽의 인기가 하늘 높은 줄 모르고 올라갔습니다. 특히 필로덴드론은 그 종류가 아주 다양하지요. 생김새, 잎의 크기, 색깔이나 무늬도 다양합니다. 오래 키우게 되면 대부분 덩치가 커지기 때문에 공간 차지를 많이 하는 편입니다.

빛 열대 우림의 식물로 직사광선이 아닌 창문을 통과한 빛(반양지~반음지)에서 잘 성장합니다.

온도 따뜻하고 습한 기후를 좋아합니다. 20~25℃, 습도 60% 이상에서 가장 잘 성장합니다. 종류마다 다르지만 최저 10~15℃ 이상을 유지해주면 좋습니다.

물 날씨가 따뜻할 때는 겉흙이 마르면 주고, 추워지면 흙을 건조하게 관리합니다. 물줄 때 잎샤워까지 해주면 잎 먼지 제거, 해충 예방에 도움이 됩니다. 건조한 계절엔 자주 분무해주세요.

비료 생육기에는 한 달에 한 번 액체 비료를 줍니다. 크게 키우고 싶지 않다면 비료를 적게 주세요.

번식 대부분 덩굴식물이기 때문에 공기뿌리를 포함하여 줄기를 자른 후 물꽂이나 수태말이로 뿌리를 더 많이 받습니다. 뿌리가 꽤 나오면 흙에 옮겨 심습니다.

지지대 옆으로 기어가는 종류, 나무를 붙잡고 위로 타고 오르는 종류, 직립성으로 줄기가 굵고 곧게 뻗는 종류도 있습니다. 위로 기어 오르는 종류는 수태봉을 해주면 기근이 수태봉을 파고들면서 더 왕성하게 성장하고 잎이 많이 커집니다.

병해충 건조하고 통풍이 불량하면 응애나 총채벌레가 생길 수 있습니다. 잎 앞뒷면을 자주 샤워 해주면 해충 예방에 도움이 됩니다.

직립성으로 자라는 제나두

제나두, 셀로움은 오래키우면 목대가 생깁니다.

위로 타고 오르는
베루코섬 x 멜라노크리섬

버럴막스 바리에가타

○○ 뮤렌베키아 (트리안)

영명	Maidenhair vine
학명	Muehlenbeckia complexa
과	마디풀과
원산지	호주, 뉴질랜드
난이도	하

철사처럼 가느다란 줄기에 동글동글 작은 잎들이 무성하게 쏟아져내리는 뮤렌베키아는 햇빛, 바람, 물. 이 세 가지를 다 좋아합니다. 베란다 창문 앞에서 햇빛과 바람을 잘 받게 해주고 겉흙이 마르면 지체없이 물을 주는 것이 뮤렌베키아를 잘 키우는 방법이지요.

빛 직광에서 잘 자랄 정도로 햇빛을 좋아합니다. 강한 햇빛에서는 잎 크기가 작고 촘촘하게 나지만 베란다 창가, 반양지에서는 잎 크기가 좀 더 커집니다.

온도 16~20℃에서 가장 잘 성장합니다. 겨울에는 5℃ 이상을 유지해주는 것이 좋습니다.

물 봄~가을까지는 겉흙이 마르면 곧바로 물을 줍니다. 속흙까지 말리면 잎들이 노래지면서 후두둑 떨어집니다. 단, 흙이 늘 축축하다면 과습으로 뿌리가 썩을 수 있으므로 분갈이시 배양토에 펄라이트나 굵은 모래를 10% 정도 섞는 것을 추천합니다. 겨울에는 물주기 텀을 조금 더 늘리고 공기가 건조하지 않도록 자주 분무해주세요.

비료 굳이 비료를 주지 않아도 왕성한 번식력으로 금세 풍성하게 자랍니다.

번식	성장이 빠르고 왕성하여 금세 무성해지는데, 주기적으로 가지치기하여 목질화된 부분을 삽수로 다듬어 꺾꽂이를 하면 쉽게 번식할 수 있습니다. 또는 분갈이하며 포기 나누기를 합니다.
해충	공기가 건조하고 통풍이 불량하면 응애나 깍지벌레가 잘 생기는 편이라서 평소 물을 줄 때 샤워기로 잎 전체를 샤워시키며 물을 주고, 건조한 계절에는 잎에 자주 분무해주면 좋습니다.

뮤렌베키아 무늬종

○○ 페페로미아

속	Peperomia
과	후추과
원산지	인도, 브라질, 페루
난이도	하

페페로미아 프로스트라타

흔히 '페페'라고 불리는 귀여운 식물입니다. 페페로미아는 종류가 천 여종이 넘을 정도로 아주 다양합니다. 페페로미아는 다육식물들처럼 밤에 이산화탄소를 들이마시고 산소를 내뿜어주는 식물이기 때문에 빛이 들어오는 침실에 놓아두셔도 좋겠습니다. 종종 뾰족하고 긴 꽃을 잘 올리는데 관상 가치는 없어서 저는 꽃이 보이면 다 잘라주는 편입니다.

빛	차광된 밝은 빛을 좋아하여 반음지에서 잘 지냅니다. 어두운 곳에서는 잎의 색깔이나 무늬가 흐려지고 줄기가 연약하고 길게 웃자라서 볼품 없어져요.
온도	20~25℃에서 잘 생장하고, 추위에는 약한 편이기 때문에 겨울에는 13℃ 이상을 유지하는 것이 안전합니다.
물	잎과 줄기가 도톰한 다육질로 수분을 가득 머금고 있기 때문에 흙 건조에 강하고 과습이 되면 뿌리나 줄기가 물러서 썩어요. 이 때문에 배수가 잘 되는 용토에 심고 속흙까지 마르면 물을 줍니다. 겨울에는 흙을 더 건조하게 관리합니다. 과습만 조심하면 관리가 아주 쉽습니다.
비료	비료 요구량은 많지 않습니다. 완효성 알갱이 비료를 얹어주거나 봄~가을에 월 1회 연하게 희석한 액체비료를 주면 충분합니다.
번식	풍성해지면 포기 나누기로 번식하고, 잎줄기 하나를 잘라서 물꽂이를 해도 뿌리가 나고 자구를 생산합니다. 잎이나 줄기를 잘라서 꺾꽂이를 할 때는 잘린 단면을 음지에서 말린 후에 흙이나 물에 꽂으면 성공 확률이 높아집니다.

○○ 달개비

속	Tradescantia
과	닭의장풀과
원산지	남아메리카
난이도	하

삼색달개비 '나눅'

 관리가 별로 필요 없는, 잊어버리고 놔두면 알아서 잘 크는, 어마무시한 번식력과 생명력을 가진 식물입니다.
 달개비는 다육질의 잎과 줄기를 가지고 있어서 다육식물처럼 관리하면 됩니다. 햇빛 빼고는 물, 비료, 관심 모두 적을수록 좋습니다. 사랑이 넘치는 가드너에게는 이것이 어려울 수 있어요.

빛	직사광선에서도 잘 자랍니다. 실내에서 키울 때는 햇빛이 아주 잘 들어오는 창가에서 키웁니다. 빛이 부족하면 마디 사이가 길어지며 웃자라요.
온도	15~25℃에서 잘 성장하고 겨울 10℃ 이하에서는 휴면합니다. 최저 5℃ 이상이면 잘 견딥니다.
물	화분 흙이 모두 다 마르고 나서 물을 줍니다. 여름에는 흙이 빨리 마르므로 자주 주고, 기온이 낮아진 겨울에는 흙을 건조하게 관리합니다. 저는 지난 겨울동안 물을 딱 1번 줬던 것 같아요. 물을 오래 굶겨도 웬만해선 죽지 않아요. 오히려 물을 자주 주면 길쭉하고 연약하게 웃자랄 수 있습니다.
비료	비료 요구량은 적습니다. 비료까지 주면 몸집을 심하게 불릴 수 있습니다.

가지치기, 번식

성장이 빠르고 길게 늘어지며 자라는 품종이 많으므로 줄기 끝의 순을 따주거나 가지치기를 하면 곁가지들이 많이 나와서 풍성해집니다. 자른 줄기는 음지에서 단면을 말린 후 흙에 꽂아주면 금세 뿌리를 내립니다.

제브리나

○○ 행잉식물

유튜브 "바로가기" QR ◀

길게 늘어지면서 자라기 때문에 주로 공중에 매달아서 키우는 식물들입니다. 미세먼지가 심해지면서, 그리고 플랜테리어 붐이 일면서 행잉식물들의 인기도 많이 올라갔습니다. 공기 중 미세먼지와 수분을 흡수하며 살기 때문에 에어플랜트(air plant)라고도 하지요. 그래서 공기 순환, 통풍이 중요합니다. 흙에 심어 키우는 것보다 관리가 편하다는 장점이 있지만, 공중에 걸려있기 때문에 물주기를 꽤 오랫동안 잊을 때가 많아요. 그러면 잎들이 생기가 없고 쪼글쪼글해져 있습니다. 하지만 죽음의 문턱을 넘기지만 않았다면 저면관수로 물을 듬뿍 먹고 다시 싱그러워질 수 있습니다.

저는 행잉 식물들 물주기를 깜빡할 때가 많아서 주말 루틴으로 잡고 주 1회는 꼭 물을 주는 편입니다. 큰 대야에 물을 담아서 1~2시간은 담궈두지요. 한 달에 한 번은 액체비료를 연하게 희석해서 주고요.

| 틸란시아 Tillandsia 파인애플과

아주 다양한 환경에서 자생하는 착생 식물로 최소한의 뿌리를 가지고 있어요. 잎이 얇고 가는 종류(수염틸란)는 비가 많이 오는 지역 출신, 잎이 굵은 종류는 좀 더 가문 지역 출신이라고 볼 수 있습니다. 그래서 수염틸란은 다른 종류보다 물을 더 자주 줘야 합니다.

잎 표면의 보송보송한 은빛 털처럼 보이는 '트리콤'으로 공기 중의 수분, 먼지 등을 흡수합니다. 낮에는 기공을 닫아 수분 손실을 막고 밤에는 기공을 열어 이산화탄소를 빨아들이고 산소를 내뿜는 CAM식물이지요.

직광을 피하고 실내 밝은 그늘이 좋습니다. 품종에 따라 다르지만 겨울에는 10℃ 이상이면 안전합니다. 평소에 분무를 종종 해주고, 일주일에 한 번 물에 푹 담궈서 수분을 보충한 뒤 사이사이 고인 물을 털고 원래 자리에 놔둡니다. 잎이 굵은 틸란드시아들은 가끔 꽃을 피우는데, 꽃이 지고 나면 자구를 만듭니다.

| 디스키디아 Dischidia 협죽도과

우리나라에서는 흔히 '디시디아'라고 불립니다. 열대·아열대 지역에 자생하는 착생식물로 따뜻하고 습한 기후에서 잘 성장합니다. 통풍이 잘 되는 밝은 곳(반음지)에 두고 건조한 계절에는 자주 분무해줍니다. 겨울에는 남향 베란다 최저 5℃ 이상에서 잘 지냈습니다. 주 1회 물에 풍덩 담구어 수분을 보충해주는데, 평소에는 종종 분무를 해주면 좋습니다. 물이 많이 부족하면 잎이 얇아지며 쪼글거립니다. 흙 없이도 잘 살기 때문에 코코넛칩, 바크, 수태 등에 식재되어 있는 경우가 많아요. 관리가 정말 쉽습니다.

립살리스 Rhipsalis 선인장과

열대지역에서 살던 선인장과의 식물입니다. 선인장이기 때문에 햇빛을 좋아하는 편이고 반양지라면 적합합니다. 열대우림의 나무 위나 바위 위에 착생하여 살던 식물이라 습도가 높은 곳에서 잘 자랍니다. 15~25℃에서 잘 성장하고 최저 3℃까지는 견딥니다. 알갱이들을 많이 섞은 배수성 좋은 상토에 심어주어도 되지만 코코칩이나 바크에 심어서 키우기도 합니다. 마디마다 공기뿌리가 많이 나기 때문에 그 부분을 잘라서 단면을 말린 후 심으면 쉽게 번식 가능합니다.

박쥐란 Platycerium bifurcatum 고란초과

'난'이 아니라 포자로 번식하는 '고사리'이고 잎 모양이 박쥐를 닮았다고 박쥐란이라고 불리지요. 멋지게 잘 큰 박쥐란을 벽에 걸어두면 존재감이 엄청납니다. 미세먼지 제거 능력이 아주 좋은 식물입니다.

햇빛을 좋아하는 편이라 반양지에 두고 통풍이 좋게 해줍니다. 물론 반음지에서도 잘 큽니다. 16~25℃에서 잘 자라고, 겨울에는 5℃아래로 떨어지지 않게 합니다. 식재된 바크, 수태, 용토가 마르면 물을 흠뻑 줍니다. 잎이 빳빳한 편인데 물이 부족하면 얇아지면서 처지는 느낌이 듭니다.

뿌리부분을 감싸는 영양엽은 물과 양분을 저장하고 뿌리 쪽의 수분이 날아가지 않게 붙잡는 역할도 합니다. 녹색으로 나와서 곧 갈색으로 변하지만 제 역할이 있으므로 굳이 없애지 않습니다. 길게 자라는 뿔 모양의 잎은 생식엽, 포자엽이라 부릅니다.

○○ 아스파라거스

속	Asparagus
과	백합과
원산지	열대, 온대 지역
난이도	중하

아스파라거스 메이리 　　　　　아스파라거스 세타세우스

'아스파라거스는 먹는 거 아니야?' 네, 맞습니다. 초장에 찍어먹는 그 아삭한 채소. 하지만 여기서 소개드릴 아스파라거스는 원예용 품종입니다. 먹지 마세요. 전 세계 300여 종의 아스파라거스 중 '오피시날리스' 품종 하나만 식용으로 쓰인다고 합니다.

가늘고 섬세한 잎과 사방으로 넓게 흐드러지는 모습이 자유분방해보이고 몽환적인 분위기도 풍기는 아스파라거스는 온대 지역 출신이라 건조한 환경에 강하고 추위에도 강한 편입니다.

빛	직광에서 예쁘고 촘촘하게 잘 클 정도로 햇빛을 좋아하지만 반음지에서도 잘 큽니다. 봄·가을에는 양지~반양지, 여름에는 반음지 정도로 옮겨주시면 좋습니다. 빛이 부족하면 길게 웃자랄 수 있어요.
온도	15~21℃의 약간 선선한 기온에서 잘 성장합니다. 겨울에는 10℃ 이상이면 무난하게 겨울을 나고, 3℃까지도 잘 견딥니다.
물	봄~가을까지는 겉흙이 충분히 마르고 물을 줍니다. 속흙까지 바싹 마르게 되면 잎이 갈색으로 말라서 부스스 떨어집니다. 추운 겨울에는 속흙까지 마른 후 물을 줍니다.
번식	흙 아래에서 새 줄기를 계속 올리는데 무성해지면 포기 나누기로 번식합니다.

줄기가 길게 올라온 후에 잎을 펼칩니다.

○○ 고무나무

속	Ficus
과	뽕나무과
원산지	열대·아열대·온대 지역
난이도	중하

고무나무는 종류가 아주 다양하고, 자생지도 열대·아열대 지역에서부터 온대 지역까지 널리 분포합니다. 잎이 큰 고무나무는 인도·뱅갈·떡갈잎·움벨라타·페티올라리스 등이 있고, 잎이 작은 것으로는 벤자민·푸밀라 등이 있습니다. 나무에 상처가 나면 고무같은 흰 액체가 나오기 때문에 '고무나무'라는 이름이 붙여졌는데, 이 액체에는 독성이 있어서 피부에 닿으면 알레르기 반응이 나타날 수 있으니 주의하세요. 고무나무 중에서 '벤자민' 품종은 특히 장소 변화에 예민합니다. 갑자기 환경이 바뀌면 잎들을 후두둑 다 떨어뜨려요. 하지만 어느 정도 적응을 하고 빛을 잘 보여주면 새잎을 잘 내어줍니다.

빛   대부분의 고무나무들이 햇빛이 좋아하는 편이라 빛이 잘 들어오는 창가에 두는 것이 적합합니다. 하지만 직사광선에서는 잎이 타기 때문에 창문이나 방충망을 거친 차광된 빛이 좋습니다. 내음성이 있어서 빛이 부족해도 어느 정도 견디지만 가늘고 길게 웃자랄 수 있습니다.

온도   16~27℃에서 잘 생장합니다. 추위에 강한 편이지만 최저 5℃ 이상이 안전합니다.

물   나무 젓가락으로 흙을 찔러보고 흙이 말라있을 때 물을 주시면 안전합니다. 생장기인 4~9월에는 겉흙이 충분히 마르면 물을 주고, 여름에는 흙이 더 빨리 마르니 좀 더 자주 물을 줍니다. 날씨가 추워지면 점차 물 주는 횟수를 줄이고 흙을 건조하게 관리합니다. 병충해 예방을 위해 가끔씩 전체적으로 잎샤워를 시켜주거나 잎을 닦아주면 좋습니다.

잎이 두껍고 광택이 있는 고무나무들은 특히 건조에 강하고 과습에 약합니다. 과습일 경우 아랫잎이 누렇게 되거나 잎 가장자리부터 어두운 갈색으로 변하고 무겁게 처지며 떨어집니다.

반대로 흙을 너무 오랫동안 바싹 말려서 잎을 떨구는 경우도 많습니다. 식물은 물이 부족하면 많은 잎을 유지할 수 없어서 하엽시키거든요. 흙이 바싹 말라있고 잎이 돌돌 말리거나 아래로 힘없이 처져있다면 물이 부족하다는 신호이니 얼른 물을 주세요.

번식 위로만 길게 자라면 가지치기를 해주어 곁가지들이 나오게 합니다. 자른 가지는 물꽂이를 하면 뿌리를 잘 내리기 때문에 번식하기도 쉽습니다.

○○ 마란타

영명	Prayer plant
학명	Maranta leuconeura
과	마란타과
원산지	남아메리카
난이도	중

화려하고 독특한 잎의 무늬로 이국적인 분위기가 물씬 풍기는 식물입니다. 영어 이름 'prayer plant'(기도하는 식물)는 낮에는 잎을 활짝 펼치고 있지만 밤이 되면 잎들이 안으로 모여들어 기도할 때 손을 모으는 모습과 닮아서 붙여진 이름입니다. 낮에는 광합성을 위해 빛을 잘 받도록 잎을 활짝 펼치고 증산 작용을 합니다. 밤에는 호흡 작용을 하며 식물 체내의 수분을 보존하기 위해 잎이 꼿꼿하게 서는 것이지요. 만약 밤에 잎이 서지 않는다면 흙이 건조하다는 표시입니다. 마란타속

에는 여러 가지 변종들이 있지만 그 중 가장 키우기 쉬운 것이 화원에서 쉽게 볼 수 있는 레우코네우라 품종입니다. 아주 작은 유묘(어린 식물) 한 촉으로 시작해도 환경을 잘 맞춰주면 1년 만에 아주 풍성해질만큼 성장이 빨라서 키우는 재미가 있습니다.

빛	반음지에서 잘 성장합니다. 빛이 좀 강한 곳에서는 잎이 탈 수 있어요. 다른 관엽식물들보다도 빛이 부족한 곳에서 잘 견딥니다.
온습도	따뜻한 기온 21~27℃에서 가장 잘 자라고 공중습도가 높으면 좋습니다. 마란다는 온도나 수분 변화가 크면 잘 적응하지 못해요. 그래서 가을부터는 베란다가 아닌 거실로 들여 일정한 온도를 유지하면서 키우는 게 좋습니다. 겨울에 최저 13~15℃ 이상에 두면 잎의 컨디션을 유지합니다. 공기가 건조하면 잎 끝이 타들어가며 마를 수 있고 응애가 생길 수 있습니다.
물	봄~가을에는 겉흙이 마르면 물을 줍니다. 겨울에는 속흙까지 마른 것을 확인하고 물을 주면 안전합니다. 잎이 안쪽으로 말리면 물이 부족하다는 신호입니다.
비료	마란타는 잎이 예민한 편이라 비료도 과하지 않게, 연하게 희석해서 줍니다. 엽면시비로 잎에 비료가 묻지 않도록 하세요. 묻었다면 물로 씻어내면 됩니다.
번식	키가 나즈막하면서 옆으로 풍성해지는 식물입니다. 키우다보면 뿌리 근처, 줄기에서 여러 촉이 동시에 올라옵니다. 포기 나누기를 하거나 길어진 줄기에 공기뿌리가 보이면 마디를 잘라서 삽목합니다.

○○ 아레카야자

유튜브 "바로가기" QR ◀

영명	Areca palm
학명	Chrysalidocarpus lutescens
과	야자과
원산지	마다가스카르
난이도	중

　NASA의 식물 공기정화능력 실험에서 유해성 물질 제거 및 모든 평가 항목에 대해 1위를 차지한 아레카 야자입니다.

　1.8m의 대형 아레카 야자가 하루동안 증산작용으로 내뿜는 수증기는 약 1L정도나 된다고 하여 천연가습기라고도 불립니다. 줄기가 노란색이라서 '황야자'라고도 불리고 줄기에는 주근깨 같은 검은 점들이 있습니다. 아레카 야자의 섬유질을 먹고 사는 일종의 곰팡이균으로 알려져있는데, 그냥 두어도 무방하지만 보기 싫다면 물티슈로 닦아버리면 됩니다.

빛	강한 빛에서 또는 저온에 오래 두게 되면 전체적으로 노래지는 경향이 있습니다. 반음지에서 잘 큽니다.
온도	18~24℃에서 잘 성장합니다. 겨울에는 10℃ 이상을 유지해주면 좋고 5℃ 아래로 떨어지지 않도록 합니다.
물	봄부터 가을까지는 화분의 겉흙이 충분히 마르면 물을 줍니다. 가을부터는 점차 물 주는 횟수를 줄이고 추운 겨울에는 속흙까지 모두 마르면 줍니다. 건조한 계절엔 주기적으로 잎 샤워를 시켜주거나 자주 분무해주세요. 공기가 건조하면 잎 끝이 마릅니다.
번식	자구가 나오면 포기 나누기로 번식할 수 있지만 뿌리가 민감하기 때문에 최대한 뿌리를 건드리지 말고 그대로 풍성하게 키우는 것이 좋습니다.

| 주의 | 분갈이 시 뿌리를 많이 건드리게 되면 몸살을 심하게 하고 잎들이 하나 둘 까맣게 마르면서 초록별로 가는 경우가 많습니다. 어린 식물일수록 분갈이 시 되도록 뿌리에 상처를 내거나 건드리지 않는 것이 좋습니다. |

아레카 야자의 특이한 점은 특정한 가지에만 염분과 화학 성분을 축적해서 포화상태에 이르면 그 가지는 갈색으로 변하면서 말라죽습니다. 그래서 염소 성분이 있는 수돗물을 바로 주기보다는 하루 정도 받아두어 염소가 휘발된 후 주는 게 좋고, 비료도 과하게 쓰지 않도록 합니다. 분갈이한 화분에 잘 적응만 한다면 그 후론 키우기 수월합니다.

○○ 헤데라 (아이비)

유튜브 "바로가기" QR ◀

영명	Ivy
속	Hedera
과	두릅나무과
원산지	아시아, 유럽, 북아프리카
난이도	중

흔히 '아이비'라고 부르는 헤데라는 송악속에 속하는 식물로 모두 벽이나 나무를 타고 오르는 덩굴식물입니다. 현재는 알록달록한 원예품종이 많이 개발되어 그 종류가 수백종에 이르지요. 줄기가 길어지면 분재철사를 이용해 리스를 만들어 감아주면 예쁩니다.

빛   대부분 밝은 그늘에서 잘 자라지만 무늬가 있는 종은 햇빛을 잘 보여줘야 무늬가 유지됩니다.

온도   15~21℃의 선선한 기온을 좋아합니다. 더위를 많이 타기 때문에 여름철에는 빛을 어느 정도 차광해주고 바람이 잘 통하게 해주시게 좋습니다. 겨울철은 최저 5℃ 이상을 유지합니다.

물   과습만 조심하면 정말 키우기 쉬워요. 화분의 흙이 거의 다 마른 것을 확인하고 물을 주면 안전합니다. 물을 너무 말리면 잎들이 힘없이 축 처져 있는데 이 때 곧바로 물을 흠뻑 주면 대부분 다음 날 생생해져있습니다. 하지만 어떤 식물이든 반복적으로 이러한 물 스트레스를 주면 성장에 좋진 않습니다. 그래서 잎이 얇아지면서 힘이 없어지려고 할 때 물을 주시면 가장 좋습니다.

번식   줄기가 많이 길어지면 가지를 잘라 물꽂이를 해보세요. 뿌리가 잘 나서 새로운 개체가 탄생합니다.

해충　공기가 건조하고 통풍이 불량하면 깍지벌레가 잘 생기기 때문에 수시로 잎에 분무해주고 바람이 잘 통하는 곳에 두시면 좋아요.

리스 만드는 방법

① 코팅된 분재철사 준비(2.5mm정도. 더 얇은 것은 두 줄기를 꼬아서 만드시면 됩니다.)

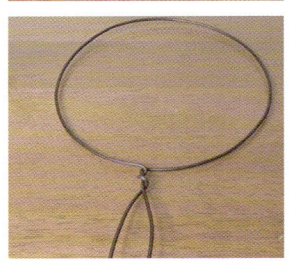

② 화분이나 원형의 물체에 감아서 원 모양을 만들어줍니다.

③ 아래쪽을 꼬아서 고정시키고 흙 속에 들어가는 부분은 조금 벌려주는 것이 안정적입니다.

④ 뿌리가 다치지 않도록 조심해서 흙에 꽂고, 길어진 식물의 줄기를 철사에 감아줍니다. 원 모양으로 타고 오를 수 있도록 자랄 때마다 감아줍니다.

휴케라

영명	Coral bells
속	Heuchera
과	범의귀과
원산지	북미 지역
난이도	중

휴케라는 실내에서도 병충해 거의 없이 아주 관리하기 쉬운 식물입니다. 북미 출신 야생화로 다양한 환경에 잘 적응하고 노지월동이 가능하지요. 보통 정원의 나무 아래에 많이 심는데 녹색의 정원에 알록달록한 색깔로 다채로움을 더해주는 역할을 합니다. 수백여 종의 휴케라 품종이 있고 매년 새로운 품종들이 나오고 있습니다. 다른 색상의 여러 종류를 모아서 키우면 대비 효과가 아름다워요.

빛	양지바른 곳과 베란다 반양지~반음지에서 잘 자랍니다. 사계절 광량과 온도에 따라 잎의 색상과 잎맥의 변화가 다채롭습니다. 초록색의 휴케라는 강한 빛에서는 잎이 탈 수 있으니 반양지~반음지에 둡니다.
온도	18~25℃에서 가장 잘 성장합니다. 일교차가 나는 가을~겨울에 휴케라의 미모는 절정에 이릅니다. 잎에 부분적으로 예쁘게 단풍이 드는 품종들도 있는데 전혀 다른 품종으로 보일 정도입니다. 노지월동 시 잎이 붉어진 상태로 겨울을 나는 품종도 있고, 상부의 잎은 시들고 땅 속 뿌리로 겨울을 나는 품종도 있습니다. 5℃ 이상의 베란다에서는 계속 아름다운 잎을 보여준답니다.
물	배수성 좋은 용토에 심고 봄~가을동안 겉흙이 마르면 물을 줍니다. 겨울에는 속흙까지 마르면 물을 주세요.
비료	야생 출신이라 비료 요구량이 그리 많진 않습니다. 뿌리가 가득 차면 거름기 있는 새 흙으로 분갈이해주는 것만으로도 충분한 것 같아요. 완효성 알비료를 올려주는 것도 괜찮습니다.
번식	봄~여름에 꽃을 피우기도 합니다. 붓으로 꽃들을 부비부비 비벼주면 수정이 되어 씨앗을 채종할 수도 있어요. 삽목도 되고, 무려 잎꽂이도 됩니다. 잎꽂이는 잎을 가위로 잘라선 안 되고요. 잎줄기 제일 아래쪽 생장점이 살아있도록 뒤로 벗기듯이 잎줄기를 벗겨내야해요. 2~3년 정도 키운 휴케라는 무성해지기 때문에 포기 나누기로도 번식 가능합니다.

○○ 알로카시아

유튜브 "바로가기" QR ◀

속	Alocasia
과	천남성과
원산지	열대, 아열대 지역
난이도	중

깔끔하고 세련된 공간. 창가에 자리잡은 키 큰 알로카시아. 길쭉한 잎줄기에 커다란 하트 모양의 잎 서너장. 상상만 해도 참 멋집니다. '알로카시아'하면 떠오르는 대표 선수는 '알로카시아 오도라'인데, 요즘에는 다양한 잎 모양과 색깔, 아름답고 특이한 잎맥의 수많은 알로카시아 품종이 국내에 들어와 있습니다.

빛	은은한 햇빛이 들어오는 반음지가 좋습니다. 햇빛이 닿지 않는 실내에서는 식물생장등으로도 예쁘게 키울 수 있습니다. 무늬가 있는 종류는 좀 더 빛을 잘 보게 해주면 아름다운 무늬를 유지하는 데 도움이 됩니다.
온도	최적 생육온도는 21~25℃입니다. 추위에 약하고 고온다습한 기후를 좋아하기에 우리나라 6~9월에 폭풍성장합니다. 겨울에는 기온을 15℃ 이상으로 유지해주면 계속 성장하지만 15℃ 이하에서는 대부분 휴면하므로 흙을 건조하게 관리합니다. 10℃ 전후에서는 근근히 견딥니다.
물	알로카시아는 특히 과습에 약합니다. 과습이 되면 뿌리가 썩고 근경이 물컹하게 무르는데, 이 때는 소독한 칼로 썩은 뿌리와 근경을 깨끗이 제거하고 물꽂이나 수태꽂이로 새 뿌리를 받아야 합니다. 그런데 과습이 무서워서 흙을 너무 오래 말리게 되면 잔뿌리들이 견디다 못해 말라 떨어지므로 그 후 물을 주면 흡수할 뿌리가 없어서 또 과습이 오는 형국입니다. 너무 크지 않은 화분에 배수성 좋은 흙으로 심고 생육기 동안은 겉흙이 마르면 물을 흠뻑 주고 통풍을 잘 시켜줍니다.
비료	봄·가을에 완효성 알갱이 비료를 얹어주거나 성장기에는 한 달에 한 번 꼴로 액체 비료를 줍니다.
번식	알로카시아가 어느 정도 자라면 흙에서 자구들이 올라옵니다. 분갈이를 하며 포기 나누기로 번식하고, 근경을 잘라 삽목할 수도 있습니다. 뿌리가 많이 없는 경우는 물꽂이나 수태말이로 뿌리를 내리고 흙에 심어주는 것이 안전합니다.

흙에서 자구를 올립니다.

자구의 잎이 3장 정도 되면 분리해서 따로 키워도 안정적입니다.

흙 위로 드러난 근경에 촉촉한 수태를 감아줬더니 뿌리가 많이 나왔어요.

아래쪽 근경과 위쪽을 칼로 잘라주어 따로 심습니다.

분리한 것을 다 따로 심었어요.

잘린 근경에서 새 촉 5개가 올라옵니다.

    종류에 따라서는 뿌리 주변으로 알 모양의 구근을 생산합니다. 많은 구근의 싹을 틔운다면 모주가 시들해질 수 있으므로 적당히 커진 구근은 떼어내서 지피펠렛이나 상토, 촉촉한 수태에 심습니다. 구근 윗부분이 살짝 보일 듯 말 듯 심고, 용토가 바싹 마르지 않도록 촉촉하게 관리합니다. 밝고 따뜻한 곳에 두면 2~3개월 후에는 싹이 틉니다.

화분이 작아져서 엎으니 구근이 생겼어요.

떼어낸 구근을 심어줍니다.

구근에서 싹을 올렸어요.

일액 현상

물을 주고 나면 잎사귀 끝에 물방울이 대롱대롱 맺혀있는 것을 볼 수 있는데, 이를 '일액 현상'이라고 합니다. 뿌리가 흡수한 수분 중 대부분은 기공을 통해 수증기로 공기 중에 날아가지만 일부는 잎의 배수조직을 통해 물방울로 배출됩니다. 일액현상은 대부분 흙에 수분이 많고 증산 작용이 잘 일어나지 않을 때 볼 수 있습니다. 일액 현상을 보일 때 또 물을 주면 안 되겠지요.

알로카시아가 어렵나요? 저도 그랬어요.

알로카시아는 '식물 좀 키워봤다.' 하는 분들에게도 어렵다고 지목되는 식물 중 하나입니다. 몇 달째 잘 자라는가 싶다가도 어느 순간 잎들이 누렇게 되며 하엽지고 덩치가 반토막이 되기도 하지요. 알로카시아는 여러 해 경험을 통해 감을 익히는 수 밖에 없습니다.

알로카시아를 무름병으로 떠나보낸 적이 있거나 물주기가 어렵게 느껴진다면 이 방법을 써보세요. 가드너들마다 다르겠지만, 제가 포인트를 두는 것은 〈지나치게 큰 화분에 심지 않고, 뿌리가 차면 화분을 1.5배 이하로만 키우기〉, 〈배수성·통기성 좋은 용토〉 두 가지입니다. 통기성 좋은 토분이나 슬릿 화분을 선택하고, 상토에 펄라이트·산야초·훈탄 등을 40%가량 섞습니다. 큰 입자의 용토를 많이 섞으면 흙 알갱이와 알갱이 사이의 공간(공극)이 많아지기 때문에 통기성이 좋아 뿌리가 숨을 잘 쉴 수 있고 과습의 위험에서 해방됩니다. 대신 물은 좀 더 자주 줘야 합니다. 봄~가을에는 겉흙이 마를 때마다 물을 듬뿍 주고 통풍을 잘 시켜줍니다. 빠르면 서너 달 만에 물구멍으로 뿌리가 튀어나와 분갈이도 좀 더 자주 해줘야 하는 단점이 있지만, 알로카시아는 제 곁에 계속 남아있습니다.

알로카시아는 응애밥?

공기가 건조하거나 통풍이 불량하면 스물스물 나타나는 지긋지긋한 응애! 응애의 입맛에는 특히 알로카시아가 맞나 봐요. 응애를 예방하려면 늘 통풍에 신경쓰고, 공기가 건조하지 않도록 잎의 앞뒷면에 자주 분무해주며 목초액 샤워도 주기적으로 해주면서 면역력을 키워주세요. 그래도 생기면? 없애면 되지요. (응애를 없앨까요? 알로카시아를 없앨까요?)

잎을 자를 때 주의점

알로카시아의 하엽지는 잎을 잘라줄 때는 근경에서 잎줄기를 여유있게 남기고 잘라줘야 합니다. 잘리고 남은 부분이 바싹 말라서 톡 떨어질 때까지 그대로 놔두어야 합니다. 잎줄기에 수분이 있는 상태에서 근경 끝부분까지 깔끔하게 떼어내려고 하면 근경이 통통하게 커지지 않고 잎을 떼어낸 부분이 푹 파이게 되면서 얇아집니다.

○○ 안스리움

유튜브 "바로가기" QR ◀

속	Anthurium
과	천남성과
원산지	열대아메리카
난이도	중

안스리움속에는 대략 600여 종의 품종이 있고 꽃을 감상하는 종류와 잎을 감상하는 종류로 나눌 수 있습니다. 화원에서 주로 볼 수 있는 빨간 꽃을 올리는 안스리움이 익숙하게 떠오를텐데요. 최근에는 꽃보다 예쁘고 매력적인 잎맥을 가진 다양한 안스리움 종류가 식물덕후들의 마음을 빼앗고 있습니다. 안스리움은 천남성과에 속하는 스파티필름, 칼라와 같이 꽃처럼 보이는 불염포를 올립니다. 실제 꽃은 안쪽의 도깨비 방망이 같은 것이고, 색깔이 예쁜 꽃잎 같은 것은 꽃의 턱잎인 '불염포'입니다. 꽃이 보잘 것 없으므로 수분매개 동물을 유인하기 위해 크고 화려한 색상의 불염포를 올리는 것이지요. 불염포는 여러 주 지속되는데 꽃가루가 날릴 수 있으므로 꽃은 잘라버려도 좋습니다.

빛	직광을 제외한 밝은 빛이 들어오는 창문가. 반양지~반음지가 좋습니다.
온습도	20~27℃에서 가장 잘 성장하고 겨울철에도 최저 15℃ 이상을 유지시켜 주는 것이 좋습니다. 촉촉한 공기, 공중습도 60% 이상에서 잘 자랍니다. 우리나라에서는 여름철 이외에는 실내에서 이런 환경을 유지해주기란 여

간 어려운 일이 아니지요. 열대관엽식물 마니아들은 건조하고 추운 계절이 다가오면 식물들을 따뜻한 실내로 옮기고 부족한 햇빛을 보충하기 위해 식물등을 켜고, 가습기나 온실을 대령해주는 등 아주 분주해집니다.

물	봄~가을까지는 화분의 흙이 절반 정도 충분히 마르면 물을 줍니다. 겨울에는 속흙까지 모두 마른 후 줍니다. 관수 후에 물받침에 물에 고여있지 않도록 합니다.
흙	종류에 따라 조금씩 차이는 있지만 안스리움은 뿌리가 굵고 수분을 가득 머금은 우동 뿌리입니다. 자연 상태에서는 나무에 착생해서 자라기 때문에 다른 관엽식물들처럼 일반 배양토에 심고 물을 자주 주다 보면 뿌리가 익사할 가능성이 높습니다. 배수성·통기성이 좋은 약산성의 용토가 관건입니다. 저는 상토30, 피트모스20, 오키아타바크20, 산야초10, 펄라이트10, 훈탄10 정도로 배합하여 심습니다.
비료	봄~가을 동안 2주에 한 번 액체비료를 기본 용량보다 연하게 희석하여 줍니다.
번식	키우다 보면 근경에서 새 촉들이 뾰족 나옵니다. 흙 위로 드러난 근경은 촉촉한 수태를 감싸주거나 공중습도를 높게 해주면 공기뿌리가 잘 발달하면서 새 잎이 잘 올라옵니다. 이렇게 올라오는 어린 줄기를 뿌리를 포함하여 분리하면 새로운 개체로 번식할 수 있습니다.

▶ 유튜브 "바로가기" QR

잎이 타는 현상

안스리움 잎에서도 알로카시아 편에서 언급했던 '일액현상'을 볼 수 있는데요. 잎에 물이 계속 맺혀있으면 그 부분이 갈색으로 얼룩지고 타들어가므로 잎에 물기가 남아있지 않도록 하는것이 좋습니다. 그래서 잎에 직접적인 분무도 삼갑니다.

○○ 파키라

유튜브 "바로가기" QR ◀

영명	Money tree
학명	Pachira aquatica
과	물밤나무과
원산지	멕시코, 남아메리카
난이도	중

　농촌진흥청이 여러 종의 실내 식물을 대상으로 연구한 결과 초미세먼지를 없애는 데 가장 효과적인 식물 1위에 파키라가 등극했습니다. 야자 나무를 닮은 파키라는 굵은 목대와 거기서 뻗어나온 가느다란 가지, 그 위에 달린 손바닥 모양의 우거진 넓은 잎이 참 시원시원해보입니다. 오래 키우다보면 관엽식물에선 보기 힘든 아주 크고 향기로운 꽃을 피우며 열매도 맺는다고 합니다.

　파키라는 대부분 원산지에서 나무 토막으로 잘린 채 수입되어 국내 농장에서 새로 뿌리와 잎을 낸 후 출고가 됩니다. 그래서 포트를 살 때는 뿌리가 잘 내리고 건강한지, 무른 곳은 없는지 목대를 잘 확인하고 구입하시면 좋습니다. 이런 이유로 파키라를 집으로 데려온지 얼마 지나지 않아 무름병이 나타나는 경우가 꽤 많습니다. 과습에 취약한 상태인 것이죠. 그래서 식물 몸체에 비해 뿌리가 많이 없는 파키라의 경우는 배수성·통기성 좋은 흙에 심어주는 것이 좋습니다. 뿌리가 풍성해지고 성장에 탄력을 받기까지는 화분 크기를 무리하게 키우지 않고, 화분에 뿌리가 많이 차게 되면 좀 더 큰 화분으로 옮겨줍니다.

빛	직사광선에서 잘 클 정도로 햇빛을 좋아하기 때문에 빛이 잘 드는 창가, 반양지에 두는 것이 좋습니다. 광량이 부족하면 줄기가 웃자라게 됩니다. 하지만 모든 식물이 그렇듯 음지나 반음지에 있던 식물을 갑자기 빛이 센 곳에 두면 잎이 처지거나 탈 수 있어요.
온도	15~25℃에서 잘 성장합니다. 추위에 강한 편이지만 겨울철 최저 5℃ 이상을 유지시켜줍니다.
물	봄부터 가을까지는 겉흙이 충분히 말랐을 때 흠뻑 물을 주고 겨울에는 속흙까지 다 말랐을 때 물을 줍니다. 물을 준 후 통풍에 신경씁니다.
비료	봄·늦여름에 완효성 알갱이 비료를 올려줍니다. 크고 풍성하게 키우고 싶다면 1~2개월에 한 번 꼴로 액체 비료를 줍니다.
번식	길게 자란 가지를 잘라서 물꽂이를 하면 뿌리가 잘 납니다. 뿌리가 많아지면 화분에 옮겨 심습니다.
가지치기	줄기들이 연약하고 길게 웃자란다면 가지치기를 합니다. 목대 가까이 바짝 잘라줄 수도 있습니다. 시간이 지나면 자른 줄기 근처로 새로운 가지들이 돋아납니다. 하지만 잎을 하나도 남기지 않고 다 가지치기를 해버리면 관리하기가 힘들고, 식물을 떠나보낼 수도 있으니 잎들을 어느 정도 남기고 일단 한 쪽 줄기만 실험삼아 해보세요.

뿌리썩음병, 무름병 발생 시

① 목대가 무르고 썩은 부분을 깨끗하게 잘라냅니다. 깨끗한 부분이 나올 때까지 확실하게 잘라야 합니다. 칼은 꼭 소독해가며 사용하세요.

② 식물의 잎이 많이 달려있다면 가지치기를 하거나 잎을 잘라주어 불필요한 증산작용, 광합성을 줄여주는 것이 좋습니다.

③ 바람이 잘 통하는 음지에서 단면을 말린 후 물꽂이 합니다. 잘린 단면과 용기 바닥이 닿아있는 면적을 줄이는 것이 좋습니다.

④ 단면에서 흘러나오는 액으로 물이 금방 오염될 수 있기에 물 상태를 확인해가며 매일 새 물로 갈아줍니다. 잘린 단면에 물곰팡이가 생긴다면 흐르는 물로 씻어줍니다.

⑤ 새롭게 뿌리가 많이 자란다면 배수성·통기성 좋은 흙을 배합하여 크지 않은 화분에 심어줍니다.

파키라의 꽃

○○ 칼라디움

속	Caladium
과	천남성과
원산지	남아메리카 아마존 지역
난이도	중상

수천 종의 화려하고 아름다운 칼라디움들을 보면 이것이 실존하는 식물인지 그림인지 헷갈릴 정도입니다. 아주 매력적인 식물이지요.

구근심기

칼라디움은 열대성 알뿌리 식물입니다. 잎이 없는 구근으로 구입하신다면 촉이 살짝 올라온 곳을 위로 향하게 심습니다.

구근상태에서 흙이 계속 축축하면 구근이 썩을 수 있기 때문에 배수가 잘 되도록 상토에 굵은 모래나 펄라이트를 10~20%가량 섞어줍니다. 칼라디움은 뿌리 발달이 좋고, 미니종이 아닌 이상 잎이 엄청나게 커지기 때문에 구근 지름이 5cm 이상이라면 화분 지름은 15cm 정도 넉넉한 크기로 선택합니다. 그보다 작은 구근 하나라면 10cm 화분에 먼저 심고 뿌리가 어느 정도 차면 큰 화분으로 옮겨심어도 좋습니다.

빛	직사광선에 잘 자랄 정도로 빛 요구량이 많습니다. 햇빛이 종일 잘 들어오는 창가에서 햇빛을 충분히 받게 해주세요. 빛이 부족하면 잎줄기가 길게 웃자라고 잎의 무늬와 색깔도 흐릿해집니다.
온도	고온다습한 기후를 좋아합니다. 봄에 20℃ 이상이 지속되면 구근이 깨어나 싹을 올립니다. 찬바람이 불고 기온이 15℃ 이하가 이어지면(대략 11월)

잎들이 점점 시들고 휴면할 준비를 합니다.

물   잎을 올리고 나서는 흙이 바싹 마르지 않도록 촉촉한 상태를 유지해주는 것이 좋습니다. 물을 많이 먹습니다. 겉흙이 마르면 물을 흠뻑 줍니다. 물이 부족하면 잎줄기에 힘이 없어지며 살짝 처지는데 이 때를 물주는 타이밍으로 잡습니다.

비료   잎을 어느 정도 올리면 알비료를 올려주거나 2개월에 1번 꼴로 묽은 액체비료를 줍니다.

번식   구근이 커지며 옆으로 자구를 만드는데, 크게 자란 알뿌리는 잘 소독한 칼로 잘라서 단면을 말린 후 심습니다. 하지만 구근을 자르지 않고 키워서 다음해에 다시 심으면 세력이 더 좋습니다.

휴면   칼라디움을 겨울 동안 따뜻한 실내로 옮겨와 계속 잎을 볼 수도 있지만 겨울 4개월 정도는 숙면을 시켜야 더 건강하게 오래 볼 수 있다고 합니다. 칼라디움은 튤립처럼 저온성 구근이 아니라 열대 출신이기 때문에 휴면 기간에도 온도가 유지되어야 구근이 쪼그라들거나 썩지 않습니다. 잎이 시들고 세력이 약해지면 물주기를 멈추고 흙을 완전히 말립니다. 마른 잎은 자르고 흙 속에 구근이 있는 화분 째로 동면을 시켜도 됩니다.

하지만 저는 지름 15cm 이상의 큰 화분들을 보관할 공간이 마땅치 않아서 구근을 캐내어 지름 10cm 플라스틱화분에 피트모스나 코코피트, 상토 등의 용토에 넣고 구근을 파묻습니다. 그리고 10~15℃가 유지되는 베란다 안쪽 구석 안 보이는 곳에 둡니다. 따뜻해져서 싹을 올릴 때가 되면 구근이 잘 살아있나 파봅니다. 물을 조금씩 주고 싹이 올라오고 뿌리가 어느 정도 차면 15cm 이상의 화분으로 옮겨주며 거름기가 있는 흙을 채워줍니다.

○○ 포인세티아

유튜브 "바로가기" QR ◀

> 영명　　Poinsettia
> 학명　　Euporbia pulcherrima
> 과　　　대극과
> 원산지　멕시코
> 난이도　상

크리스마스 시즌에 제일 많이 보이는 식물은 아마 포인세티아일 거예요. 빨간색과 초록색, 정반대의 색깔이 이렇게 조화롭고 아름답다니! 크리스마스와 딱이죠.

포인세티아에는 전설이 있습니다. 멕시코에서는 크리스마스가 다가오면 예수님의 탄생을 축하하며 정성이 담긴 선물을 예수님 구유 앞에 놓아두곤 했는데, 예수님께 드릴 선물이 없었던 한 소녀가 길 가의 풀 한 무더기를 꺾어서 구유 앞에 두고 기도했습니다. 얼마 후 풀 끝마다 불타는 듯한 빨간 별이 반짝반짝 빛났습니다. 소녀의 소박한 선물이 포인세티아로 아름답게 변한 것이지요. 사람들은 이 식물을 '성스러운 밤의 꽃'이라고 불렀습니다.

포인세티아에서 꽃은 그다지 큰 비중을 차지하지 않습니다. 이 식물의 매력은 화려한 포엽들이죠. 줄기 끝에 몽글몽글 작은 열매처럼 무리지어 달려있는 것이 진짜 꽃이고, 그 주위로 빨간 꽃잎처럼 보이는 것들은 잎이 빨갛게 변한 포엽입니다.

빛	햇빛이 잘 들어오는 창가, 반양지에서 잘 큽니다.
온도	겨울에 많이 보이니까 추위에 강한 식물이라고 생각할 수 있는데, 멕시코 출신인 포인세티아는 18~28℃에서 잘 성장하고 추위에는 아주 약합니다. 봄부터 가을까지는 베란다에서 햇빛을 잘 받게 하고, 밤기온이 13℃ 아래로 떨어진다면 더 따뜻한 실내로 옮기는 것이 안전합니다. 겨울을 추운 베란다에서 계속 보낸다면 잎이 후두둑 떨어지며 이별을 고해야 할지도 몰라요.
물	잎들이 살짝 처질 때 화분 받침에 물을 채워주어 흙이 아래로부터 물을 빨아들이는 저면관수 방법으로 물을 주는 것이 좋습니다. 겉흙을 손으로 파보았을 때 촉촉함이 느껴질만큼만 주시면 됩니다. 꽃과 화포엽에 직접적인 분무는 하지 않습니다.
비료	봄~가을까지 월 1회 정도 액체 비료를 줍니다.
번식	줄기를 잘라 삽목하여 번식합니다. 대극과(=유포르비아) 식물들은 자르면 단면에서 흰색 액이 나옵니다. 독성이 있기 때문에 맨손으로 만지지 않도록 합니다.

단일식물

포인세티아는 칼랑코에, 게발선인장과 같은 '단일식물'인데요. 낮이 짧아지고 밤이 길어져야 꽃눈을 만들고 포엽들이 빨갛게 물들어갑니다. 칼랑코에처럼 추운 베란다에 그냥 두고 자연적으로 단일 처리가 되면 제일 좋겠지만 추위를 너무 타니까 베란다가 아닌 거실로 들일 수 밖에 없고, 그러다보니 밤에 형광등이나 LED빛에 노출 될 수 밖에 없어요. 이럴 때는 낮에는 해를 잘 보게 하고 밤동안 하루 14시간 정도 6주간 빛을 차단시켜줍니다. 검은 봉지나 박스를 뒤집어 덮어두는 등의 방법으로요. 크리스마스 시즌에 맞추려면 10월 중순부터 단일 처리를 하면 되겠네요. 참으로 번거롭지요? 그래서 전 포인세티아는 깔끔하게 포기했습니다.

○○ 소포라

유튜브 "바로가기" QR ◀

영명	Maori sophora
학명	Sophora prostrata 'Little Baby'
과	콩과
원산지	뉴질랜드
난이도	상

지그재그 금빛 가지에 작고 오종종한 잎들의 여리여리한 모습이 한 폭의 그림같은 뉴질랜드 출신의 식물입니다. 뉴질랜드 마오리 족처럼 강인하다고 '마오리 소포라'라고 불립니다. 야생화이기 때문에 햇빛을 아주 좋아하고 바람도 아주 좋아합니다. 창가에서 1m 이상 떨어진 실내 안쪽에 두신다면 장담하건대 사진 몇 장 남기고 머지 않아 이별해야 할 거예요.

빛   햇빛이 잘 들어오는 창문 바로 앞이 적당합니다. 저는 봄부터 가을까지(한여름·장마철 제외) 율마와 함께 야외 직광에 내놓고 키워봤는데, 타격없이 튼튼하게 잘 자라더라고요. '역시 야생이구나!' 했습니다. 하지만 갑작스런 강한 햇빛에는 어떤 식물이든 '식물 당황' 사태가 벌어질 수 있으니 서서히 적응시켜주세요.

온도   10~25℃에서 가장 잘 성장합니다. 더위와 추위에 강한 편이지만 우리나라 한여름에는 실내 반양지~반음지에 두고 바람이 잘 통하게 해주는 편이 좋고, 겨울에는 야외의 강추위와 서리에 직접적으로 노출되지 않도록 합니다. 추위에 꽤나 강해서 겨울 베란다에서 새 잎을 퐁퐁 내어주기도 해요. 영하로 내려가도 어느 정도 잘 버틴다고 합니다. 역시 야생!

물   소포라의 잎은 아주 작고 연약합니다. 몸체에 물을 많이 가지고 있지 못하지요. 달리 말하면 건조에 약합니다. 야외처럼 햇빛과 바람이 아주 좋은 곳에서는 그야말로 물 먹는 하마입니다. 하지만 햇빛과 바람이 양호한 베란다 창가, 배수성 좋은 흙에 심었을 경우는 겉흙이 말랐을 때 물을 줘야 합니다. 저는 상토에 마사나 산야초, 펄라이트, 훈탄 등 알갱이 흙들을 30%정도 배합하여 통기성·배수성 좋게 심습니다. 그리고 겉흙이 마르면 물을 듬뿍, 샤워기로 잎 전체를 샤워시키면서 주는 편입니다. 대개 물 부족 시 잎이 노래지면서 후두둑 떨어집니다. 하지만 배수성이 그다지 좋지 않은 흙에서는 과습이 올 수 있으니 주의하세요. 기온이 낮아진 겨울에는 상대적으로 물주기 텀이 길어집니다.

비료 야생 스트릿 출신 식물들은 비옥한 토양보다는 거름기가 그다지 없는 거친 땅에서 잘 자라는 편이지요. 봄에 완효성 알갱이 비료를 얹어주는 것만으로도 충분합니다.

가지치기·번식

키우다보면 자유롭게 가지를 뻗어나가기 때문에 적절하게 가지치기를 해주어도 좋습니다. 자른 가지는 삽목해보세요.

소포라 잎이 노래지나요?

물 부족, 햇빛 부족, 바람 부족, 해충 발생을 따져봅시다. 지금 소포라가 있는 장소, 흙과 잎을 점검해보세요.

- 햇빛이나 통풍이 충분한가? ▶ 베란다 창가로 이동
- 겉흙이 말랐나? ▶ 잎 전체를 샤워시키면서 물을 흠뻑 주기
- 흙이 진흙처럼 전체적으로 축축한가? ▶ 뿌리 과습이므로 배수성 좋은 흙으로 분갈이 하기
- 잎 사이사이 거미줄 같은 응애 흔적, 찐득한 액이 묻은 깍지벌레의 흔적은 없는가? ▶ 약 치기

○○ 율마

유튜브 "바로가기" QR ◀

- **영명** Lemon cypress
- **학명** Cupressus macrocarpa 'Wilma'
- **과** 측백나무과
- **원산지** 북부아메리카
- **난이도** 상

　연두연두한 빛깔과 상쾌한 향기, 기분 좋은 느낌이 드는 율마는 소나무, 편백나무처럼 피톤치드를 많이 내뿜는 식물입니다. 피톤치드란 식물이 자신의 생존을 위해 균, 해충을 쫓기 위해 스스로 뿜어내는 휘발성의 방어물질로 사람에게는 항균, 스트레스 저하, 면역력 증진, 심폐기능 강화, 심리적 안정을 주는 등 유익한 물질입니다. 피톤치드의 주 성분인 '테르펜'은 바로 옆에서 다른 식물이 자라지 못하도록 하는 방어물질이기 때문에 율마 군단 옆에 다른 연약한 식물들을 놓아두고 통풍에 신경쓰지 않으면 그 식물은 위험해질 수도 있고, 곧이어 율마 자신도 시들해질 수 있어요. 율마를 실내에서 키우기 위해서 꼭 기억해야 하는 것은 '햇빛과 바람이 많을수록 좋다.'는 것입니다. 저는 율마를 비롯한 침엽수, 유칼립투스는 사계절 내내 베란다 야외걸이대에 내놓고 키워요. 추위에도 아주 강해서 영하로 떨어지지만 않으면 계속 둡니다. 야외에서는 물만 잘 챙기면 됩니다.

| 빛 | 햇빛이 온종일 잘 들어오는 곳, 야외 직사광선이 제일 좋고 실내라면 남향(남동향) 베란다 창문 바로 앞이어야 합니다. 식물등은 안 됩니다. 무조건 햇빛 제일 많이! 바람도 제일 많이!

온도 15~25℃에서 새 잎을 가장 잘 내고 많이 성장합니다. 침엽수라 추위에도 강하기에 0℃ 이상이면 안전하고, 간혹 베란다 걸이대에서 영하로 살짝 떨어져도 괜찮았습니다.

물 물을 아주 좋아합니다. 봄~가을동안 햇빛과 바람이 풍부한 야외에서 키우는 율마는 겉흙이 마르면 지체없이 물을 줍니다. 속흙까지 다 말리면 잎이 갈변되고 말라 죽을 수 있습니다. 하지만 햇빛과 바람도 부족한 실내에서는 겉흙이 말랐다고 계속 물을 주다가는 과습으로 이어져 잎이 마를 수 있어요. 물마름이 느린 화분이라면 더더욱 그렇습니다. 기온이 떨어진 겨울에는 물주기 텀이 좀 더 길어집니다. 10℃ 이하에서는 화분 흙이 반 이상 말랐을 때 물을 줍니다. 율마는 실외에서는 키우기 아주 쉬운 반면, 실내 공간에서는 키우기 어려운 식물이에요.

흙·화분 베란다에서 율마를 키운다면 흙의 배수성, 화분의 통기성도 중요합니다. 실내에서 키우는 율마는 과습으로 죽는 경우가 상당히 많거든요. 상토에 마사나 산야초, 펄라이트 등의 배수성 좋은 용토를 30% 정도 섞고 통기성 좋은 토분이나 슬릿분에 심는 것이 좋습니다.

비료 침엽수들은 햇빛과 바람과 물이 보약입니다. 그 세박자만 잘 맞으면 아주 잘 큽니다. 뿌리가 차면 주기적인 분갈이도 추가하고요. 비료가 필요하다는 생각이 든다면 생장기인 봄, 초가을에 비료를 주세요.

율마를 풍성하고 아름답게 만드는 가지치기·순따기 유튜브 "바로가기" QR ◀

① 율마의 키가 원하는 만큼 커졌다면 가운데 중심 줄기 윗부분을 가지치기합니다. 그러면 그 아래로 곁순들이 나오면서 율마가 풍성해집니다.

② 전체적으로 내가 만들 모양(핫도그)을 생각하며 잘 드는 가위로 이발을 시켜줍니다. 전체적으로 대대적인 이발이 필요하면 가위로, 살짝 다듬을 정도라면 손으로 톡톡 따줍니다.

③ 순을 제거한 자리는 작게 갈색점처럼 되고 그 아래로 곁순이 자랍니다. 곁순이 어느 정도 자라면 그 끝부분도 손으로 따줍니다. 순따기를 반복하다보면 율마는 풍성해집니다.

삽목으로 번식하기

유튜브 "바로가기" QR ◀

① 한 뼘 정도로 잘린 가지를 준비합니다.

② 윗부분의 잎은 남겨두고, 아래쪽 잎을 다 제거합니다.

③ 구멍있는 화분에 세척 마사 혹은 녹소토 등을 넣고 물을 부은 후 삽수를 꽂습니다.

④ 화분 받침에 물이 마르지 않도록 늘 물을 가득 부어줍니다.

⑤ 침엽수는 삽수에서 뿌리가 나기까지 시간이 아주 오래 걸리므로 느긋하게 기다립니다. 단, 물을 말리지 않아야 합니다.

○○ 베고니아

> 속　　　Begonia
> 과　　　베고니아과
> 원산지　열대, 아열대 지역
> 난이도　상

베고니아는 그 색깔과 잎 모양이 정말 다채로워서 '고니'에 빠지면 출구가 없을 정도입니다. 정말이지 매력적인 식물들이 어쩜 이리 많은 것인지! 특히 베고니아는 품종이 아주 많이 육성되어서 2000여 종이 있을 정도입니다.

베고니아는 크게 꽃 베고니아, 관엽 베고니아, 목성 베고니아로 분류할 수 있습니다.

꽃 베고니아　관상 포인트가 꽃!(사철, 엘라티오르, 구근)

관엽 베고니아　관상 포인트가 잎! 잎의 모양과 색깔, 무늬가 상당히 다양합니다. (렉스, 근경)

목성 베고니아　줄기가 굵고 곧게, 대나무처럼 마디를 이루며 크게 자라며 꽃이나 잎을 보는 베고니아

빛	대부분 열대 나무들 아래에서 살던 식물이므로 밝은 반음지에서 잘 성장합니다. 하지만 품종에 따라 양지, 반양지가 최적인 종류도 있습니다. 길가 화단, 직광에서 꽃 만발 중인 꽃 베고니아 보셨나요? 꽃을 피우기 위해서는 빛이 더 많이 필요합니다. 빛이 잘 들어오는 베란다 창가라면 무난합니다. 엘라티오르 베고니아는 낮 동안은 빛을 잘 보고 밤에 단일 처리가 되면 잘 개화합니다.
온도	최적의 생장온도는 20~25℃입니다. 대부분의 베고니아는 추위에 약해서 최저 10~15℃ 이상은 유지해주는 것이 좋습니다.(품종에 따라 다릅니다.) 원종 베고니아들은 늘 온실 속에서 반밀폐상태로 따뜻하고 습하게 살아가고, 찬바람이 불면 근경·렉스종은 따뜻한 거실로 옮겨줍니다. 목성들은 추위에 조금 더 강한 편이라 저는 겨울에도 계속 베란다에 두는데, 아무래도 잎이 상하고 미모가 죽습니다.
습도	품종에 따라 차이는 있지만 50~90%의 고습도를 좋아해요. 촉촉한 공기에서 아주 잘 성장합니다. 하지만 잎과 줄기에 털이 있는 종류들이 많아서 직접적인 분무는 하지 않습니다.
물	과습은 절대 금물입니다. 속흙까지 마른 듯 하면 물을 주세요. 베고니아는 공중습도가 높은 것을 좋아하지 흙이 축축한 것은 좋아하지 않아요. 화분 흙이 축축한 상태가 오래 가면서 통풍이 불량하면 무름병과 곰팡이가 세트로 올 수 있어요. 흙이 말라 있고 잎이 축 처져있다면 물이 부족하다는 신호입니다. 물을 흠뻑 주면 다시 생생해집니다. 잎과 줄기에 털이 있는 종류는 물을 줄 때도 저면관수로 주거나 잎과 줄기에 물이 묻지 않도록 합니다.
흙	수태 100%에서도 잘 자라고 상토 100%도 좋습니다. 배수성을 좋게 하기 위해 펄라이트를 10~20% 섞어줘도 좋습니다.
비료	완효성 알비료를 올려주거나 생장기에 한 달에 한 번 꼴로 액체 비료를 연하게 희석하여 줍니다.
병해	습도가 높고 통풍이 부족하면 곰팡이가 잘 생길 수 있습니다. 잎에 어두운 갈색 반점이 생기거나 곰팡이가 발생하면 그 잎은 되도록 모두 제거하고 통풍을 잘 되게 하며 살균제를 5~7일 간격으로 뿌려줍니다.
번식	잎꽂이, 꺾꽂이로 번식이 됩니다. 품종에 따라 차이는 있지만 대부분 잎

줄기, 잎맥 꽂이로도 번식이 잘 되기 때문에 꼭 한 번 시도해보세요. 목성 베고니아는 줄기를 잘라 물꽂이 후 흙에 심는 것이 빠릅니다.

수태로 잎꽂이하는 방법

① 수태를 적신 후 손으로 물기를 꼭 짭니다. 축축하면 잎들이 물러버려요. 손으로 만져봤을 때 촉촉한 습기가 느껴질 정도면 됩니다.

② 용기에 수태를 넣고 자른 잎 한 장을 꽂습니다. 너무 깊이 넣지 않고 수태 사이에 살짝 끼워두어도 됩니다.

③ 따뜻하고 밝은 곳에서 밀폐하여 높은 습도를 유지합니다.

④ 한 달 가량 지나면 자구들이 다글다글 올라옵니다.

제3장

실내에서
꽃을 즐기다

○○ 펠라고늄

유튜브 "바로가기" QR ◀

영명	Geranium
속	Pelargonium
과	쥐손이풀과
원산지	남아프리카(온대 지역)
난이도	하

우리가 흔히 제라늄이라고 부르는 식물의 이름은 펠라고늄입니다. 제라늄과 펠라고늄은 엄연히 다릅니다. 약 300여 년 전 쥐손이풀속 중 펠라고늄으로 분류한 식물들을 모두 뭉뚱그려 제라늄으로 취급했다가 30년 후 다시 펠라고늄이란 본명을 찾아 정정했습니다. 하지만, 긴 시간 동안 사람들에게 A란 이름으로 각인된 식물을 갑자기 B로 바꾸기는 쉽지 않았지요. 이제부터라도 정확한 이름으로 불러주면 더 좋을 것 같습니다.

펠라고늄은 매해 새로운 원예교배품종이 많이 나올 정도로 그 종류가 어마어마합니다. 보통 화려한 겹꽃을 피우고 잎에 예쁜 무늬가 있는 종류들은 유럽 제라늄입니다. 제라늄 전문 농장이나 인터넷쇼핑몰로 구입할 수 있어요. 우리나라에도 가드너 개인이 품종교배로 개발한 아름다운 펠라고늄들이 많이 있어요. 이런 품종들은 주로 인터넷 카페나 개인 분양으로만 구할 수 있습니다.

제가 다년간 여러 가지 식물을 키워보니 베란다에서 키우기 가장 쉬우면서 매력적인 꽃식물은 펠라고늄 같아요. 빛이 충분하다면 더 예쁜 모습을 즐길 수 있습니다.

대부분 꽃을 피우는 식물은 햇빛과 바람이 아주 많이 필요하고, 한 계절에만 꽃을 볼 수 있으며 베란다 안에서 키우다 보면 병충해가 참 많습니다. 하지만 펠라고늄은 품종과 환경에 따라 차이는 있지만 어느 정도 성장하고 나면 연중 꽃을 볼 수 있고, 병충해가 거의 없습니다. 생명력이 강하고 번식도 쉬워서 마음만 먹으면 한 개의 식물을 수없이 늘릴 수도 있어요. 물을 많이 굶긴다 해도 죽지 않으며, 추위에도 강합니다.

빛   펠라고늄은 야외에 내놓고 직광에서 키우면 아주 잘 자랄 정도로 햇빛을 좋아합니다. 빛이 종일 잘 들어오는 남향 베란다 창문을 통과한 빛으로도 충분히 예쁘게 자랍니다. 햇빛이 부족한 곳에서는 마디 사이가 길쭉하게 웃자라고 꽃을 보기 힘들며 품종에 따라서는 잎이 호박잎처럼 커질 수 있어요. 하지만 식물생장등으로 부족한 햇빛을 보충해준다면 충분히 예쁘게 키울 수 있습니다. 한여름 더위에는 햇빛을 차광하여 기온을 떨어뜨리는 게 안전합니다.

온도   가장 잘 자라는 생육온도는 15~25℃입니다. 고온다습한 우리나라의 여름은 제라늄의 무름병이 많이 발생하는 시기라서 과습을 조심하고, 분갈이나 가지치기도 하지 않습니다. 추위에 강해서 겨울 남향 베란다 10℃ 이상에서는 꾸준히 잘 자라며 영하로만 떨어지지 않으면 잘 견딥니다. 하지만 5℃이하의 저온에서는 물주기를 조심하는 것이 좋습니다. 저온다습한 환경에서도 과습하면 줄기가 무를 수 있습니다.

물   겉흙이 충분히 말랐을 때 맑은 날 오전에 물을 흠뻑 주고 통풍을 잘 시켜줍니다. 하지만 식물에 비해 너무 큰 화분, 물 마름이 느린 도자기 화분, 햇빛과 바람이 좋지 않은 곳에서는 물주기 텀을 더 길게 잡습니다. 비 예보가 있는 날은 물을 주지 않고 하루 이틀 건너뛰어도 괜찮아요. 공중습도가 높을 때는 선풍기나 공기 순환기를 이용해서라도 통풍을 잘 시켜줘야 합니다.

다만 꽃을 피울 때는 평소보다 물을 더 잘 챙겨야 합니다. 물이 부족하면 꽃봉오리가 말라버리거든요.

과습과 무름병이 무서워서 흙을 너무 자주 바싹 말린다면 많은 잎을 유지할 수 없어서 잎이 노랗게 되면서 마르고 떨어지는, 일명 '하엽' 현상이 생깁니다. 이런 상황이 반복되면 줄기(뼈)만 남은 일명 '뼈라늄'이 되는 것이죠.

비료	꽃을 많이 피우는 식물이라 영양분도 많이 필요하기에 비료를 챙겨 주는 것이 좋습니다. 저는 자꾸 비료 챙겨 주는 것을 잊어서 알갱이 비료를 흙 위에 올려주는 편입니다. 물 줄 때마다 조금씩 녹아 흡수되는 완효성 비료라 효과가 3~6개월까지 지속됩니다. 액체 비료를 줄 때는 보통 꽃이 지고 나면 성장기용 비료를, 2~3주 후엔 개화용 비료를 주는 식으로 시비합니다. 질소 비료가 과다하면 꽃을 피우지 못하고 잎만 무성해질 수 있고, 꽃대가 생긴 상태에서 비료를 주면 꽃이 마를 수 있습니다.
번식	씨앗을 파종할 수 있고, 가지를 잘라 삽목할 수 있습니다.
분갈이	연 1회는 필수로 해주면 좋습니다. 보통 여름이 지나고 선선해진 가을(10월)이 분갈이의 최적기이고, 이때 새 흙으로 분갈이를 해주면 가을·겨울·봄까지 새잎도 잘 내고, 꽃도 많이 보여줍니다. 뿌리와 흙 상태에 따라 초봄(3월)에 또 다시 분갈이하기도 합니다.
흙	통기성이 좋은 토분이나 슬릿분을 사용하면 상토 100%로 쓰기도 하고, 통기성이 좋지 않은 화분에 심는다면 펄라이트를 10~20% 정도 섞어줍니다. 지렁이분변토를 10% 섞어주어도 좋습니다.
목질화	오래된 펠라고늄은 밑둥부터 목질화*가 됩니다. 나무껍질처럼 갈색으로 목질화된 부분에서는 새순을 잘 올리지 못하고, 위쪽의 여린 초록색 줄기에서만 주로 잎을 내지요. 순지르기를 하여 한 그루의 풍성한 나무처럼 만든 경우가 아니고서야 키만 크고 엉성한 수형인 경우가 많아요. 대개 이런 경우는 연한 초록색 줄기들을 잘라서 삽목하여 작은 개체로 새롭게 시작할 수 있습니다.

---

* 식물의 세포벽, 줄기가 나무처럼 단단한 목질을 이루는 현상

대화   뿌리 근처에 생기는 암 덩어리 같은 존재입니다. 울퉁불퉁하게 많은 눈이 형성되어 잎차례도 불규칙적이고 딱 봐도 기형적인 모습이지만, 간혹 정상적인 잎도 있어서 곁순으로 착각할 수 있습니다. 곤충이나 적심(가지치기) 등 상처의 기생균이 원인일 수 있는데, 펠라고늄의 성장을 둔화시키고 대화는 점점 더 비대해지니 발견하는 즉시 떼 내어 버리세요.

펠라고늄을 풍성하게 키우려면

어릴 때부터 적심(순자르기=순따기)을 자주 해주면 풍성해집니다. 가드너의 부지런한 손길에 펠라고늄은 더 많은 꽃으로 보답한답니다. 방법은 간단한데요. 길어진 줄기를 소독한 가위로 자르거나 줄기의 제일 끝순을 손이나 핀셋으로 따서 제거해줍니다. 그러면 그 아래쪽의 잎겨드랑이 여러 군데에서 곁순들이 나오게 되어 풍성해집니다.

지피*에 삽목하는 방법

삽목의 최적기는 겨울입니다. 고온다습해질수록 가지치기한 모주 뿐만 아니라 삽목한 어린 개체도 무름병의 위험이 있어서 12~3월이 삽목의 최적기라고 볼 수 있습니다. 그러면 여름이 오기 전 '삽목이'도 많이 키워놓아서 여름을 잘 버틸 수 있습니다. 삽목은 지피 뿐 아니라 물꽂이, 상토, 질석, 녹소토 등도 가능합니다. 삽목의 기본 원리(103p)를 참고해주세요.

① 모주는 무름병 방지를 위해 화분 겉흙을 충분히 말립니다. 가지를 자른 후에도 이틀 정도(혹은 그 이상) 물을 주지 않습니다.

② 지피를 용기에 넣고 물을 붓고 기다리면 부풀어 오릅니다.

③ 모주의 수형을 생각하며 줄기를 자릅니다. 삽수는 손가락 한두 마디 길이면 좋고, 목질화된 부분보다 연한 초록색 줄기가 성공 확률이 높습니다.

---

* 피트모스가 주 원료로 가볍고 무균상태의 피트펠렛. 보수력·통기성이 우수함. 파종·이식·묘의 순화에 주로 쓰이고 일정한 습도가 오랫동안 유지됨. 뿌리가 나오면 포트 그대로 정식할 수 있음.

④ 삽수에 붙어있는 턱잎을 모두 제거해줍니다. 턱잎은 곰팡이가 잘 생기기 때문에 삽수의 무름으로 이어질 수 있습니다.

⑤ 자른 단면이 찢어졌거나 가위질로 뭉개졌다면 날카로운 칼로 깔끔하게 45°로 단번에 잘라줍니다.

⑥ 지피 가운데 구멍에 삽수를 쑥 넣습니다. 이때부터 뿌리가 보일 때까지 삽수가 흔들리지 않도록 하는 것이 중요합니다.

⑦ 지피가 마르면 전체가 촉촉해질 정도로 물을 주며 관리합니다. 보통 일주일 정도는 물을 다시 주지 않아도 지피가 촉촉합니다.

⑧ 반음지~밝은 음지에 두면 7~15일 후 뽀얀 뿌리가 보입니다. 뿌리가 잘 나는 온도는 20℃ 전후입니다.

뿌리가 나온 후 정식하기

유튜브 "바로가기" QR ◀

뿌리가 많이 나오면 지름 7cm 이하의 작은 화분에 배수성 좋은 상토로 심어줍니다. 통풍이 잘되고 햇빛이 충분한 반양지에서 겉흙이 충분히 마르면 물을 줍니다. 삽수가 건강하게 성장하면서 뿌리가 꽉 차면 더 큰 화분(지름 10cm 전후)에 옮겨줍니다. 이때부터 2~3주가 지나면 안정기로 볼 수 있습니다.

펠라고늄 종류

조날(Zonal)
햇빛을 잘 받으면 잎에 말발굽 형태의 띠가 생깁니다. 우리가 가장 흔히 접하는 펠라고늄입니다.

아이비(Ivy leaved)
두툼하고 반짝거리는 잎을 가지고 있으며 아이비처럼 덩굴로 자랍니다. 웃자람이 많아서 햇빛 좋은 곳, 주기적인 가지치기·순따기가 필수입니다.

리갈(Regal)
톱니 모양의 큰 잎, 크고 화려한 꽃을 피웁니다. 촘촘하게 자라고, 봄에만 꽃을 피웁니다.

엔젤(Angel)
리갈의 교배종으로 봄에만 꽃을 피웁니다. 리갈보다 잎과 꽃의 크기가 작고 웃자람이 있어서 햇빛 좋은 곳, 주기적인 가지치기·순따기가 필수입니다.

센티드(Scented leaved)
잎에서 달콤상콤한 향기가 나는 펠라고늄입니다.

조날틱(Zonartic)
조날과 아틱클라툼의 이종 교배종으로, 꽃이 크고 화려하며 봄에만 핍니다. 펠라고늄 중 유일하게 응애가 잘 생깁니다.

팬시 리프(Fancy leaf zonal)
조날 중에서 잎에 흰색·노란색·검은색·붉은색 등의 색깔, 무늬가 있는 종류로 고온다습에 특히 취약한 편입니다.

꽃의 모양과 무늬에 따라

싱글(Single)
홑꽃으로 꽃잎이 기본 5장

세미더블(Semi-Double)
6~9장의 꽃잎 수

더블(Double)
9장 이상의 꽃잎 수

로즈버드(Rosebud)
장미를 닮은 꽃 모양

튤립형(Tulip)
튤립을 닮은 꽃 모양

스파클드(Speckled)
꽃잎에 점들이 흩뿌려진
일명 '깨순이'

홑꽃은 화형이 큰 편이지만 꽃이 질 때 꽃잎들이 후두둑 떨어지며 지저분해질 수 있습니다. 세미더블 이상의 겹꽃들은 꽃잎이 달린 상태로 마르기 때문에 꽃대만 잘라주면 깔끔합니다. 이름에 '로즈버드'가 붙은 종들은 햇빛을 아주 많이 받아야 겨우 꽃을 보여주는 편입니다.

○○ 아잘레아

영명	Azalea
속	Rhododendron
과	진달래과
원산지	중국
난이도	하

철쭉이나 진달래를 영명으로 아잘레아라고 부르는데, 철쭉의 원예품종들을 우리나라에서는 '서양철쭉'으로 부릅니다. 1850년경 벨기에의 한 요양소에서 실내식물로 처음 도입되었습니다. 예쁜 꽃과 함께 휘발성 화학물질 제거 능력까지 겸비한 공기정화 식물로 영국·네덜란드·벨기에 등지에서 수많은 품종 개량으로 다양한 아잘레아를 볼 수 있습니다.

빛   아잘레아는 실외 양지, 베란다 창가 반양지에서 잘 크는 식물입니다. 여름에는 강한 빛을 차광해주어 반음지에서 바람이 잘 통하도록 관리하면 좋습니다.

온도   10~21℃의 서늘한 기온에서 잘 성장하고 겨울 동안 5~10℃ 정도의 저온을 거쳐야 꽃눈을 만듭니다. 서리는 맞지 않도록 합니다. 겨울의 추위를 겪은 아잘레아는 15~20℃의 봄이 되면 개화합니다. 병충해에 강한 편이나 너무 따뜻하고 건조한 장소에 오래 있으면 응애가 생길 수 있습니다.

물	겉흙이 말랐을 때 물을 흠뻑 줍니다. 아잘레아는 수분을 좋아하므로 화분 흙이 완전히 마르지 않도록 물관리를 해주어야 합니다.
흙	철쭉류는 뿌리가 가늘어서 보수력이 있고 배수가 잘되는 가벼운 상토에 심어주면 좋습니다. 또한 철쭉류는 pH 4.5~5.5 정도의 산성흙을 좋아하기 때문에 저는 상토에 피트모스와 부엽토, 산야초를 조금 더 섞어줍니다.
비료	아잘레아는 영양 결핍보다 영양 과잉에 의해 죽는 일이 많을 정도로 비료를 많이 필요로 하지는 않습니다. 하지만 꽃이 지고 나면 퇴비를 웃거름으로 얹어주거나 비료를 저농도로 연하게 희석해서 주면 좋습니다.
번식	삽목이나 접목으로 번식합니다.
가지치기	품종에 따라 다르지만, 늦겨울에서 봄까지 꽃을 피우는데 꽃이 지고 나면 가지치기를 해주는 것이 중요합니다. 그러면 많은 곁가지들이 나와서 다음 해에는 훨씬 많은 꽃을 볼 수 있습니다. 하지만 대개 20℃ 이상이 되면 꽃눈이 만들어지기 때문에 4~5월까지 가지치기를 마치는 것이 안전합니다.

꽃이 지면 튀어나온 가지와 끝순들을 가지치기 해줍니다.
햇빛을 잘 받으면 곁순이 아주 많이 나와서 다음 해에는 더 풍성한 꽃을 볼 수 있습니다.

양골담초

유튜브 "바로가기" QR ◀

영명	Scotch broom, Common broom
학명	Cytisus scoparius
과	콩과
원산지	유럽 남부
난이도	중

영어권에서는 이 식물의 촘촘한 가지들을 엮어서 빗자루를 만들었다고 해서 Scotch broom, Common broom(빗자루)라고 부릅니다. 양골담초는 따뜻한 봄이 되면 상큼한 레몬향이 나는 레몬색 꽃을 피우는데, 긴 꽃자루에 빽빽하게 피운 많은 꽃들로 눈이 환하게 밝아지는 느낌입니다.

빛	양골담초는 가지와 잎이 연약하고 낭창해 보이지만 야외 직광 뜨거운 빛에서 아주 잘 클 정도로 햇빛을 좋아합니다. 하지만 베란다 창문을 통과한 햇빛만으로도 풍성하게 잘 자라고 꽃을 많이 보여준답니다.
온도	10~20℃에서 가장 잘 성장합니다. 어린 나무는 추위에 다소 약하지만 큰 나무는 내한성이 있어서 남부지방 양지바른 곳에서는 노지 월동이 가능합니다. 보통 노지 월동이 가능하다는 것은 땅에 심어졌을 때의 이야기입니다. 화분에 심어서 키울 때는 0℃ 이상이면 안전합니다.
물	물을 좋아하기 때문에 배수성 좋은 상토에 심고, 겉흙이 말랐을 때 흠뻑 줍니다. 물이 부족하면 잎들이 노랗게 변하면서 후두둑 떨어집니다. 꽃을 피웠을 때는 평소보다 물을 더 자주 줍니다. 하지만 보수성이 너무 좋은 진흙 같은 흙에서, 햇빛도 바람도 별로 없는 곳에서 물을 자주 주면 뿌리가 썩을 수 있습니다.
해충	통풍이 좋지 않으면 응애가 잘 생깁니다. 그래서 베란다의 열린 창문 바로 앞에서 늘 직접적인 바람을 맞으며 키우는 것이 제일 좋습니다. 물을 줄 때마다 잎 전체를 샤워시키는 것도 한 방법이지만, 매번 옮겨서 물 샤워시키는 게 힘들다면 주기적으로 목초액을 희석하여 잎 사이사이에 흠뻑 분무해주는 것도 도움이 됩니다. 하지만 응애가 발생하고 나서는 아주 작고 얇은 잎이 빼곡하게 많이 달려있기 때문에 친환경적인 방법으로는 퇴치가 힘들어서 농약을 치는 것이 낫습니다.
가지치기	미국에서는 잡초 취급을 받을 정도로 번식력이 좋고 가지가 사방팔방 뻗어나가며 무성해지는데, 베란다 가드닝에서는 가지치기가 필수입니다. 어릴 때부터 아래쪽의 곁가지들과 잎을 계속 제거해주다 보면 중심 목대가 점점 굵어집니다. 위쪽으로는 동그란 형태를 생각하며 가위로 과감히 이발시켜줍니다. 꽃이 진 직후부터 가을까지 부지런히 가지치기와 순 따기를 해주면 곁가지들을 아주 잘 내어줍니다. 때문에 풍성한 토피어리 모양을 갖추게 되고 꽃을 더 많이 볼 수 있습니다. 단, 늦가을부터는 꽃눈이 만들어지니 가지치기를 멈춰야 합니다.
비료	꽃이 지면 완효성 알갱이 비료를 올려주거나 한 달에 한 번꼴로 액체 비료를 줍니다. 가을에는 개화용 비료를 줍니다.
번식	삽목으로 번식합니다.

시클라멘

유튜브 "바로가기" QR

영명	Cyclamen
학명	Cyclamen persicum
과	앵초과
원산지	지중해 연안
난이도	중

앵초과에 속하는 덩이줄기의 다년생 구근식물입니다. 'Cyclamen'이라는 이름은 둥글둥글한 잎 모양 때문에 '원'이라는 뜻의 그리스어 'Kyklos'에서 유래되었다고 합니다. 우리가 화원에서 많이 볼 수 있는 시클라멘은 원종에서 개량이 된 원예품종입니다.

진한 녹색 무늬가 들어간 하트 모양의 잎과, 무성한 잎들 사이로 솟아올라 피는 꽃은 마치 나비가 내려와 앉은 모습 같습니다. 꽃이 피면 5개의 꽃잎이 위를 향해 뒤집히는데 그 모습이 참 특이하지요. 꽃 색깔도 다양하고 은은한 향기도 납니다. 꽃대가 계속 올라오며 개화기가 아주 길기 때문에 꽃을 오랫동안 감상할 수 있는 것도 큰 장점입니다.

빛	고온다습한 여름과 꽃이 피어있는 동안을 제외하고는 햇빛을 잘 받게 합니다. 꽃이 핀 이후에는 꽃을 더 오래 보기 위해서 강한 햇빛보다는 적당한 햇빛, 반음지가 좋습니다.
온도	낮은 15~20℃, 밤은 5℃ 이상이면 계속 꽃을 보여주고 잘 자랍니다. 시클라멘은 대부분 산악지대나 숲속 바위틈에서 자라기 때문에 서늘하고 공기 순환이 잘 되는 곳을 좋아합니다. 그래서 따뜻한 거실보다는 서늘한 베란다가 좋습니다.
물	과습은 금물! 구근이 물러버릴 수 있어요. 흙이 마르면 꽃과 잎이 힘없이 살짝 처지려고 하는데 그때 잎과 구근에 물이 닿지 않게 저면관수로 물을 주면 좋습니다. 환기는 필수입니다.

물을 많이 말려서 잎과 꽃이 다 처졌어요.

저면관수로 물을 주고 나니 다시 생생해졌어요.

비료	알비료를 얹어주거나 봄, 가을에 월 1회 액체 비료를 줍니다.
번식	꽃이 지면 씨방에 씨가 맺힐 수 있어요. 씨를 받아놨다가 9월경 파종을 해보아도 좋지만, 씨앗를 맺는 것에 에너지가 많이 쓰이면서 구근에 영양을 모아두는 데는 소홀해질 수 있습니다. 그래서 굳이 파종할 것이 아니라면 꽃이 시들 때 꽃대를 잘라주시는 것도 좋습니다.
휴면	더운 여름은 휴면에 들어가기 때문에 기온이 점차 오르면 잎들이 시들어요. 하지만 잎의 광합성으로 구근을 더욱 살찌우기 때문에 잎이 자연적으로 시들 때까지는 햇빛을 잘 받도록 합니다. 고온다습에 약한 시클라멘은 여름을 잘 보내기가 힘듭니다. 물을 줄이고 흙을 말린 후 바람이 통하는 그늘에 보관하면 됩니다. 선선한 바람이 부는 가을이 되면 다시 잎을 내기 시작합니다.

○○ 서향

유튜브 "바로가기" QR ◀

영명	Daphne
학명	Daphne odora
과	팥꽃나무과
원산지	중국, 한국
난이도	중

꽃향기가 천 리까지 간다고 해서 '천리향'이라는 별명이 붙은 식물입니다. 나무나 잎사귀는 크게 관상 가치가 없지만, 꽃이 피면 온 집 안에 고급스러우면서 기분 좋은 향이 은은하게 퍼지고 꽃이 한 달가량 지속되기 때문에 꽤 오랫동안 행복을 느낄 수 있습니다. 저는 강한 향수나 향기가 강한 꽃을 그다지 좋아하지 않아요. 하지만 서향의 꽃향기는 정말이지 너무 좋아서 10여 년간 계속 서향을 키우고 있어요. 꽃나무지만 베란다에서 키우기 적합해서 베란다 가드너에게 많이 추천하는 식물이랍니다.

| 빛 | 강한 직사광선보다는 반양지~반음지에서 잘 큽니다. |

| 온도 | 10~22℃에서 가장 잘 성장하고 선선한 기온을 좋아합니다. 여름에는 반음지에서 바람이 잘 통하도록 해주세요. 추운 겨울을 지내야 하고, 일교차가 나야 꽃봉오리를 잘 맺으며 꽃도 오래 감상할 수 있습니다. 0℃ 이상이면 안전합니다. 남부 지방에서는 노지 월동이 되는데 노지에서는 3월쯤 꽃이 핍니다. 베란다는 노지보다 따뜻하기 때문에 보통 1월 말~2월에 꽃이 핍니다.

| 물 | 서향은 물을 좋아하는 편이지만 흙이 계속 축축하면 뿌리가 썩을 수 있습니다. 배수가 잘되는 용토에서 겉흙이 충분히 마른 후에 물을 주고 통풍을 잘 시켜주세요.

| 비료 | 비료는 많은 것보다는 부족한 것이 낫습니다. 꽃이 지면 완효성 알비료를 얹어주거나 분갈이 시 밑거름을 넣어줍니다.

| 분갈이 | 분갈이 시에는 뿌리를 많이 건드리지 않고 최대한 살며시 옮겨주시는 것을 추천합니다. 뿌리를 많이 자르게 되면 적응이 힘듭니다. 갑작스러운 환경 변화도 힘들어하는 편입니다.

| 가지치기 | 꽃이 시들어 떨어지면 그 자리에서 새로운 가지들이 나옵니다. 이 가지들이 성장하도록 두어도 되지만, 좀 더 풍성한 수형을 위해 꽃을 피웠던 가지를 잘라주어도 좋습니다. 가지를 칠 때는 식물의 모든 가지를 댕강 자르기보다는 광합성과 증산작용을 할 잎들을 남기는 게 좋아요. 한쪽 가지부터 연습 삼아 해보세요. 새 가지가 나오는 지점은 잎이 있던 자리라는 것을 기억하세요. 가지치기는 5월 안에 마치는 것이 좋습니다. 7월 이후로는 꽃눈을 생성하기 때문에 뒤늦게 가지치기를 하면 그해 겨울에는 꽃을 못 볼 수 있어요.

꽃이 진 자리에서 새 순이 올라옵니다.

| 번식 | 잘라낸 가지는 물꽂이를 하면 쉽게 뿌리를 내립니다. 뿌리 내린 후 화분에 심으면 새로운 개체 탄생! 내 손으로 번식시킨 서향나무를 소중한 사람들에게 선물해보세요.

○○ 호주매화

유튜브 "바로가기" QR ◀

영명	New Zealand teatree
학명	Leptospermum scoparium
과	도금양과
원산지	호주, 뉴질랜드
난이도	중상

겨울에서 봄까지 매화나무의 꽃과 닮은 꽃을 피워서 '호주매화'라는 이름으로 불리지만, 실제로 매화나무와는 다른 종류입니다. 흰색, 분홍색, 빨간색의 꽃을 피우는 종류가 있고, 홑꽃과 겹꽃이 있습니다. 아주 작고 짙은 초록색의 잎, 겹겹이 쌓인 작고 동그란 꽃봉오리부터 팝콘 터지듯 화려한 꽃이 하나씩 피는 모습이 정말 매력적입니다.

빛	야생 출신으로 햇빛을 좋아하지만 베란다 반양지, 반음지에서도 무난하게 자랍니다. 더운 여름에는 바람이 잘 통하는 반음지에 둡니다. 꽃눈을 만들 때부터 개화기 동안에는 특별히 햇빛을 더 잘 보게 합니다.
온도	18~25℃에서 가장 잘 성장하고 최저 3℃ 이상을 유지합니다. 햇빛과 바람이 좋은 베란다 창문 앞에서 자란 호주매화는 가을부터 일교차가 나면서 잎이 빨갛게 단풍이 들어 겨울에는 검붉은 색깔로 바뀌어요. 이 모습 또한 정말 매력적이에요. 밤 기온이 약간 서늘해지고 일교차가 나는 곳에서 키워야 건강하게 크고 꽃눈을 만들기 때문에 거실이 아닌 베란다에 두어야 합니다.
물	배수성·보수성이 좋은 흙에 심고 겉흙이 말랐을 때 물을 주되 가을부터 겨울까지는 물주기 텀을 좀 더 길게 잡아도 됩니다. 하지만 꽃망울이 달렸을 때부터 꽃을 피울 때는 에너지가 많이 들기 때문에 물을 더 자주 먹습니다. 그래서 개화기에는 겉흙이 살짝 마르면 바로 물을 주어야 합니다. 여름에는 흙이 더 빨리 마르므로 물관리에 신경을 씁니다. 속흙까지 말리면 예고없이 단번에 초록별로 갈 수 있으니 주의합니다.

분갈이·가지치기

꽃이 달렸을 때는 가급적 분갈이를 하지 말고, 분갈이해야 한다면 최대한 뿌리를 건드리지 않는 것이 좋습니다. 꽃이 지면 여름이 오기 전, 4~5월에 분갈이하고, 성장이 우세하여 길게 뻗어 나온 가지들은 가지치기해주는 것이 좋습니다.

비료	꽃이 지고 나면 완효성 알갱이 비료를 올려줍니다.
번식	삽목이나 종자로 번식합니다.

동백

영명	Camellia
학명	Camellia japonica
과	차나무과
원산지	한국, 중국, 일본
난이도	중상

동백은 장미, 철쭉과 함께 세계 3대 주요 꽃나무에 속할 정도로 세계적으로 인기가 높습니다. 미국, 일본 등에서 끊임없이 신품종들이 육성되어 나와 그 종류가 아주 다양합니다.

일년내내 반지르르 광택이 나는 짙은 녹색 잎, 이른 봄에 크고 화려하게 피어났다가 한 번에 툭 떨어지는 꽃, 꽃잎은 차로도 이용되고, 씨앗으로 짠 동백기름은 옛 여인들이 머리에 바르던 귀한 화장품이었지요. '겸손, 그대를 누구보다도 사랑합니다'란 꽃말이 있는 동백은 그야말로 버릴 것이 없습니다. 병충해도 별로 없어서 더 좋습니다.

빛	한여름에는 강한 빛을 피해 반음지에 두고, 봄·가을·겨울은 베란다 창가 반양지에서 빛을 잘 받게 해주면 좋습니다. 꽃을 보려면 아무래도 좀 더 많은 빛이 필요하거든요. 저희 집에는 햇빛 좋은 상석은 늘 경쟁률이 치열해서 동백은 베란다 구석 반음지에서 지내는데, 그런데도 너무 잘 자라고 아름다운 꽃도 매해 보여주니 제가 애정을 품지 않을 수 없죠.
온도	15~20℃에서 잘 성장하고 최저 0℃까지는 안전합니다. 유묘는 추위에 약하지만, 어느 정도 성장한 후로는 내한성이 강한 편이라 남부지방에서는 노지 월동도 가능합니다. 하지만 화분에 심긴 동백은 베란다 안에서 겨울을 보내는 것이 안전하겠지요.
물	배수가 좋은 흙에 심어서 겉흙이 마르면 물을 줍니다. 동백은 배수가 좋지 않은 흙에서 과습으로 떠나보내는 경우가 대부분이거든요. 개화기에는 물을 말리거나 햇빛이 부족하거나, 혹은 통풍이 부족하거나 온도가 급변하면 꽃봉오리를 떨어뜨리고 맙니다. 그래서 꽃봉오리가 부풀어 오를 때부터는 물을 좀 더 잘 챙겨줘야 합니다.
번식	품종에 따라 다르지만, 늦겨울~초봄에 개화하는 종은 대부분 해가 길어진 (6~7월) 20~27℃에서 꽃눈을 만듭니다. 그래서 가지치기를 하려면 꽃이 진 후 4~5월까지는 마치는 것이 안전합니다. 가을 이후 15℃ 이하 (야간 10℃)로 저온이 일정 기간 유지가 되면, 다시 기온이 오르는 2~4월에 꽃을 피웁니다. 늘 실내 따뜻한 곳에서 키우는 동백은 꽃을 보기 힘든 까닭입니다. 가을쯤 꽃눈이 너무 많을 때는 한 가지에 한두 개만 남기고 솎아주는 편입니다. 그래야 남은 꽃들이 크고 실하게 잘 핍니다.
흙	동백은 야생화입니다. 우리가 가드닝 하는 실내 환경은 햇빛, 바람이 부족할 수밖에 없는 공간이고요. 동백을 관엽식물 배양토에 심어서 흙의 축축함이 오래가게 한다면 아마도 금세 이별하게 될 거예요. 저는 상토·부엽토 50% + 산야초·녹소토 알갱이 흙 50%로 배수성·통기성 아주 좋게 심고, 겉흙이 마르면 물을 흠뻑 주면서 관리하니 동백은 베란다 구석에서도 몇 년째 잘 자라고 있습니다. 흙이 빨리 말라서 물을 자주 챙겨줘야 하는 단점은 있습니다.
비료	동백은 거름을 많이 필요로 하는 식물이기 때문에 봄, 가을에 퇴비나 비료를 챙겨줘야 합니다. 유기물이 풍부한 비료가 좋지만 실내 가드닝의 한계상 저는 알갱이 비료를 얹어주는 편입니다.

번식　　종자, 삽목, 접목으로 번식합니다.

가지치기를 하고 옆에 푹 꽂아놓은 동백 가지가 뿌리를 잘 내렸어요.

꽃잎에 무늬가 들어간 품종

꽃이 지고 나서 곁순들을 올리는 모습

○○ 옥살리스 (사랑초)

속	Oxalis
과	괭이밥과
원산지	아열대 지역
난이도	중

 '당신을 버리지 않겠습니다'란 꽃말을 가지고 있는 옥살리스는 구근을 심고 캐는 번거로움은 있지만, 키우기 수월한 식물임은 분명합니다. 하지만 예쁜 모습으로 키우려면 몇 가지 신경 쓸 점이 있습니다.

 옥살리스를 우리나라에서는 '사랑초'라고 부르지요. 보라사랑초를 제일 흔히 떠올리는데요. 보라사랑초는 빛이 부족할 때는 잎줄기가 길게 웃자라고 볼품이 없어져요. 그럴 때는 길게 늘어진 잎들을 흙 가까이에서 몽땅 잘라줍니다. 그런 후 햇빛을 잘 받게 하면 다시 새잎들을 풍성히 올린답니다. 저희집에는 여기저기 퍼

주고, 물을 오래도록 못 줘도 절대 저를 버리지 않고 끊임없이 번식하는 10년 넘은 보라사랑초가 있어요.

옥살리스 종류는 아주 다양합니다. 보라사랑초처럼 사계절 잘 자라는 옥살리스도 있지만, 여름 혹은 겨울에 휴면하는 옥살리스도 있습니다. 여기서는 겨울에 꽃잔치를 하는(여름 휴면) 옥살리스 기준으로 이야기해보려 합니다.

구근 심는 방법

9월, 더위가 한풀 꺾이면 옥살리스 구근을 심을 때입니다. 옥살리스는 작은 화분에 빽빽하게 크는 게 예뻐서 저는 지름 10cm 화분을 즐겨 씁니다. 구근을 보면 싹이 찔끔 나와 있을 거예요. 이것이 싹인지 뿌리인지 헷갈리시면 그냥 옆으로 놓으시면 됩니다. 상토를 화분 높이의 80% 정도 채우고, 지름이 1cm 정도 되는 큰 구근은 2~3개, 크기가 작은 구근은 10개 정도로 일정한 거리를 두고 띄엄띄엄 놓습니다. 그 위로 상토를 2cm가량 덮어줍니다.

빛

옥살리스는 햇빛의 비중이 9할입니다. 햇빛이 많을수록 잎이 웃자라지 않고 소복하고 풍성하게 나며 꽃이 많이 핍니다. 빛이 부족한 곳에서는 잎이 웃자라서 칠렐레팔렐레 산발이 되고 꽃도 잘 피지 않습니다. 구근을 심고 가을 동안에는 야외에서 직광을 쬐는 것이 가장 좋습니다. 겨울 동안 창문 1겹을 통과한 햇빛을 하루 5시간 정도 받는다면 충분히 꽃을 많이 피울 수 있어요. 겨울에 햇빛이 오랫동안 잘 들어오는 베란다가 있다면 사랑초를 꼭 키워보세요. 후회하지 않으실 거예요.

온도 16~20℃에서 가장 잘 성장하고 최저 5℃ 이상이 안전합니다. 선선한 기온을 좋아하고 기온이 높아질수록 잎이 점점 시들고 힘이 없어집니다. 여름은 휴면기입니다.

물

구근을 심고 잎이 올라오지 않았을 때는 화분 흙이 계속 축축하면 구근이 썩을 수 있으니 잎이 올라온 후에 물을 줘도 됩니다. 그때까지는 흙 위로 스프레이만 해주어도 됩니다. 잎이 풍성해진 후에는 겉흙이 충분히 마르면 물을 흠뻑 줍니다. 물론 이것은 '햇빛과 바람이 좋은 곳에서'란 조건이 붙습니다. 그렇지 않은 환경에서는 화분 흙이 반 정도 마르면 물을 주세요. 잎들이 힘없이 처지고 마른다면 물이 부족하다는 신호입니다. 봄이 되어 기온이 오르면 잎이 점점 시들어갑니다. 그럼 물주기를 그치고 흙을 완전히 건조시킵니다.

비료 비료보다도 햇빛! 햇빛만으로 충분합니다. 하지만 꽃을 많이 피우고 구근을 생산하려면 비료도 필요합니다. 저는 잎이 풍성해지면 액체비료를 연하게 희석하여 월 1~2회 줍니다.

휴면·번식

잎이 다 시들고 마를 때까지 기다렸다가 구근을 수확합니다. 햇빛을 많이 받아 광합성을 잘하고, 성장이 왕성했던 화분일수록 구근의 수는 불어나 있습니다. 캐낸 구근은 작은 다시백이나 종이봉투 등에 이름표와 함께 담아둡니다. 바람이 통하는 선선한 음지에 보관하고 가을에 다시 심으면 됩니다. 물론 화분 그대로 가을까지 두어도 되지만, 어차피 가을에 다시 새 흙으로 심어줘야 하거든요. 고온다습한 여름을 지나며 구근이 흙 속에서 소멸될 수도 있고, 오래 두면 흙에서 구근을 잘 골라내기가 힘들더라고요.

잎과 흙이 바싹 마를 때까지 기다렸다가 구근을 수확합니다.

○○ 튤립

유튜브 "바로가기" QR ◀

영명	Tulip
속	Tulipa
과	백합과
원산지	터키
난이도	중

길게 뻗은 줄기와 우아하고 고고한 꽃을 피우는 튤립은 가을에 심어 봄에 꽃을 보는 구근식물입니다. '튤립' 하면 네덜란드가 떠오르는데, 사실 튤립의 원산지는 터키입니다. 16세기 후반 네덜란드의 식물학자에 의해서 네덜란드 전역에 퍼져나갔고, 귀족과 부유층 사이에 크게 유행하였습니다. 튤립을 사려는 사람이 많아지고 투기 열풍이 불면서 희귀한 변종 튤립 구근 하나가 저택 하나의 가격과 맞먹을 정도였다고 합니다. 역사상 최초의 자본주의적 투기로 기록됩니다. 이후 거품이 꺼지면서 튤립 가격은 최고치 대비 수천분의 1 수준으로 폭락하지요. 경제 현상에서 거품이 발생한 상황을 튤립 공황, 튤립 버블(Tulip bubble)이라고 지칭하는 배경입니다.

어쨌든, 튤립은 세계적으로 네덜란드가 가장 유명합니다. 네덜란드에서는 수많은 재배품종을 개량하여 어마어마한 양을 전 세계로 공급하고 있으며 우리가 가을에 구입하는 튤립 구근의 대부분은 네덜란드산입니다.

구근 식재 방법

노지에 튤립을 심을 때는 늦가을(10월 말~)에 구근 크기의 2~3배 깊이로 식재합니다. 하지만 이미 저온 처리된 구근을 화분에 심을 때는 겨울에 구입 직후 바로 심어주면 되고, 실내에서 한 해만 꽃을 보려면 구근이 드러나도록 심어도 무방합니다. 혹시 조그만 새끼 구근이 옆가 붙어있다면 떼어내고 심는 것이 꽃을 보는데 유리합니다.

구근의 갈색 겉껍질은 까고서 심어야 곰팡이가 덜 생깁니다. 병충해, 곰팡이 예방을 위해 구근을 소독하려면 락스 1,000배 희석액에 30분 정도 담갔다가 깨끗한 물로 씻어 내고 음지에서 물기를 말린 후 심습니다. 저는 굳이 소독까지는 하지 않아도 괜찮았습니다.

구근을 살찌우기 위해서는 깊은 화분에 띄엄띄엄 심는 것이 좋으나 한 철만 꽃을 보려면 18cm 지름의 화분에 6~7개 정도로 다소 빽빽하게 심으면 됩니다. 과습이 되면 구근이 썩고 무를 수 있기에 물 빠짐이 좋도록 상토나 배양토에 펄라이트, 굵은 모래 등을 섞어서 심습니다. 잎과 뿌리가 없는 구근은 심고 나서 곧장 물을 주면 썩을 수 있어서 며칠 동안 흙의 습기에 적응하도록 놔둡니다. 싹이 나기 전까지는 흙을 건조하게 관리하고 날씨가 따뜻해지면 가볍게 물을 줍니다.

빛	꽃이 피기 전에는 햇빛이 잘 들어오는 창가에 두는 것이 좋습니다. 잎사귀가 길어지며 그 가운데에서 점점 꽃대가 올라오는데, 꽃이 피면 통풍이 잘되고 서늘한 반음지로 옮겨야 꽃을 오래 감상할 수 있습니다. 꽃대를 흙 가까이 바싹 잘라서 화병에 담고 거실이나 주방에서 즐기는 방법도 있습니다.
온도	10~20℃, 서늘한 곳에서 잘 성장하고, 구근이 얼지 않도록 최저 0℃ 이상을 유지해야 합니다. 온도가 높은 곳에서는 꽃잎을 사방으로 너무 활짝 펼치고, 꽃이 빨리 피고 빨리 질 수 있어요. 날씨가 더워지면 잎들이 시들기 시작합니다.
물	구근 상태일 때는 화분 흙이 거의 다 말랐을 때 물을 가볍게 주고, 잎이 많이 나오면 화분 흙이 절반 이상 말랐을 때 물을 흠뻑 줍니다. 과습되면 구근이 썩으면서 꽃대도 올리지 못하니 흙을 건조하게 관리하는 게 좋습니다. 하지만 어떤 식물이든 꽃을 피울 때는 그 전보다 물을 더 자주 먹습니다. 배수가 잘 되는 용토에 심어야 하는 이유입니다.

수경재배

구근의 하부만 물에 살짝 닿도록 하여 선선하고 어두운 곳에 두면 뿌리가 잘 납니다. 뿌리가 나면 밝은 곳으로 옮겨주고 구근이 아닌 뿌리만 물에 잠기도록 합니다. 수경재배는 간편하고 깔끔하며 겨울 한 철 실내에서 튤립을 감상하기 좋습니다.

꽃이 진 후 어떻게 하나요?

튤립은 꽃을 피우면서 구근 속의 양분을 거의 다 소모합니다. 꽃이 지면 잎으로 광합성을 열심히 하여 다시 구근을 충분히 살찌워야 다음 해에도 꽃을 피울 수 있어요. 그러나 우리나라 기후에서는 현실적으로 힘듭니다. 불가능한 것은 아니지만 '이렇게까지 할 일인가?' 싶을 정도니 저는 꽃이 지고 나면 튤립 구근은 다 정리해버립니다.

하지만 궁금해하실 독자님들을 위해 이야기를 풀어보겠습니다.

원산지가 지중해 연안인 튤립은 겨울철 기온이 비교적 온난하고 여름철 기온이 다소 서늘(10~25℃)하면서도 건조하며, 가을~봄까지 비가 내리는 곳에서 구근이 살찌고 자구 생산이 잘 됩니다. 하지만 우리나라 기후에서는 꽃이 지고 나면 얼마 지나지 않아 더워지고 장마가 시작됩니다. 비가 어느 정도 가려지고 배수가 아주 잘 되는 토양이 아니라면 땅속의 구근은 거의 다 썩어서 없어져요. 그래서 장마 전에 캐내야 하는데 구근을 살찌우고, 자구를 키우기에는 많이 부족한 시간입니다.

그럼 실내에서는 어떨까요? 꽃대를 자르고 화분을 햇빛 좋은 곳으로 옮겨 광합성을 잘하도록 합니다. 기존의 구근은 꽃을 피우면서 양분이 다 소진되었고, 안쪽에서 자구가 쪼개져서 크기를 키우고 있겠네요. 내년에 꽃을 볼 수 있을 만큼 자구를 알차게 키우려면 거름도 필요하겠군요. 처음부터 구근을 여유롭게 심지 않았다면 좀 더 큰 화분에 잘 발효된 퇴비를 밑거름으로 넣고 다시 심습니다. 너무 귀찮다면 웃거름이라도 얹어줍니다.

그런데 말입니다. 5월은 분명 봄인 줄 알았는데 왜 여름 날씨인 거죠? 베란다 낮 온도는 25도를 웃돌고 튤립 잎은 시들기 시작합니다. 반음지에 옮겨서 최대한 버텨봅니다. 누렇게 픽픽 쓰러지며 말라가는 모습이 보기는 싫지만, 잎이 모두 시들 때까지 눈을 질끈 감고 기다립니다. 드디어 잎이 다 시들었어요. 구근을 캐보니 쓸만한 게 30%는 나와서 다행입니다. 나머지 작고 미약한 구근들은 가을에 다시 심어 열심히 키우면 2년 후에는 꽃을 볼 수 있겠어요.

공간과 시간이 여유롭다면 실험 삼아 해보는 것도 아주 좋습니다. 하지만 저는 깔끔하게 정리하고 매해 구근을 새로 사는 쪽을 택했어요. 날씨가 따뜻해지면 활동을 시작하는 괴근식물, 칼라디움들이 튤립 자리가 빠지기만을 목을 빼고 대기중이거든요.

이러한 이유들로 개인 가드너들은 대부분 구근을 매해 새로 구입하여 심습니다. 구근을 심고 꽃을 볼 때까지는 크게 번거로운 것이 없거든요. 흙에 심는 것보다 더 간편한 것을 원한다면 수경재배를 추천합니다.

만약 구근을 수확한다면?

구근에 상처를 입히지 않도록 각별히 조심합니다. 수확한 구근은 락스 희석물에 소독을 한 번 해주어도 좋습니다. 바람이 잘 통하는 음지에서 건조시켜 다시 백이나 양파망에 넣어 보관합니다. 저장 온도는 15~25℃ 사이, 통풍이 잘 되는 음지가 좋습니다.

화분에 그대로 두면 안 되나요?

그대로 두어도 되지만 가을이 되면 오래된 흙을 털고 거름기 있는 새 흙에 다시 심어주어야 합니다. 우리나라의 고온다습한 여름 기후와 장마철로 인해 흙 속에 그대로 두면 구근이 썩을 수도 있고요.

저온처리 방법

저온성 구근식물은 저온처리 없이는 싹이 잘 트지 않고, 꽃도 정상적이지 않기 때문에 꼭 저온 처리가 되어야 합니다. 수확해놨던 구근을 9~10월경 신문지에 둘둘 싸서 냉장고 채소칸에 2~3개월 정도 넣어둡니다. 하지만 과일과 함께 두면 과일에서 나오는 에틸렌 가스로 인해 개화에 문제가 생길 수 있습니다. 구근을 늦가을에 화분 흙에 심어서 영하로는 떨어지지 않는 베란다나 실외에 2개월가량 두면 자연적으로 저온 처리가 됩니다. 이미 저온처리가 된 구근을 구입했다면 바로 심으면 됩니다.

○○ 히아신스

영명	Hyacinth
학명	Hyacinthus orientalis
과	백합과
원산지	남아프리카, 지중해 연안
난이도	하

히아신스 역시 가을에 심는 추식 구근입니다. 하지만 튤립과는 다르게 2년까지는 꽃을 쉽게 볼 수 있는 구근이에요. 노지에서 개화기는 3~4월이지만, 햇빛이 잘 들고 따뜻한 베란다에서는 1~2월이면 꽃을 피웁니다. 흰색, 분홍색, 자주색, 보라색 꽃을 흔히 볼 수 있고, 꽃향기가 달콤하고 진해서 향료나 오일의 원료가 되기도 합니다. 여러 가지 다양한 꽃 색깔의 구근을 합식하면 예쁘긴 하지만 향기가 너무 진하기 때문에 저처럼 진한 향기를 힘들어한다면 구근 1~2개만 두는 것이 좋습니다.

구근 심기

배수가 잘되도록 상토나 배양토에 퇴비나 펄라이트, 굵은 모래 등을 배합하고 구근의 1/3 정도가 흙 위로 나오도록 심습니다. 뿌리와 싹이 나오지 않은 구근은 과습하면 쉽게 썩을 수 있으므로 흙이 충분히 마르면 물을 가볍게 줍니다.

빛	개화 전에는 반양지에서 빛을 잘 받게 해주고, 개화 후로는 서늘한 반음지로 옮기면 꽃이 오래갑니다.
온도	10~23℃에서 잘 성장하고 최저 5℃ 이상을 유지해줍니다. 기온이 올라 5~6월쯤 되면 잎이 누렇게 시들고 마릅니다.
물	흙이 마르면 물을 흠뻑 줍니다. 과습될 경우 구근에 곰팡이가 생기고 무를 수 있습니다. 더워지고 잎이 시들면 단수하여 흙을 건조시킵니다.

구근 살찌우기

소모성 구근이라 다음 해에는 첫해보다 빈약한 꽃을 피우지만 2년까지는 꽃을 볼 만하고 관리도 쉬운 편입니다. 꽃이 시들 때 꽃대를 잘라주고, 잎이 계속 광합성을 하여 구근을 살찌울 수 있도록 햇빛이 좋은 곳에 두세요. 이때 물과 비료를 잘 챙겨주면 구근을 더 살찌울 수 있습니다.

구근 수확·저온 처리

월동을 하는 모든 추식 구근들은 꽃눈 분화를 위해 저온처리가 필요합니다. 튤립, 히아신스, 수선화, 무스카리, 크로커스는 구근 수확과 저온 처리 방법이 동일하니 튤립 편 (226p)을 참고해주세요.

수경재배

뿌리가 없는 구근 상태일 때는 구근의 하부만 물에 닿도록 하여 선선하고 어두운 곳에 두면 뿌리가 잘 납니다. 뿌리가 난 이후로 구근은 물에 닿지 않게 하고 뿌리만 물에 잠기도록 합니다. 수경재배는 흙에서보다 구근의 소모가 심해서 다음 해에도 또 심고자 한다면 흙에 심는 것이 낫습니다.

무스카리나 수선화 등 다른 추식 구근들도 재배 방법은 대개 동일합니다.

제4장

다육식물 재배 가이드

○○ 다육식물은?

처음 식물을 키우시는 분, 식물이 자리 차지 많이 하는 것은 싫으신 분, 아기자기한 것을 좋아하시는 분, 햇빛이 아주 잘 들고 창문을 열어둘 수 있는 베란다 공간이 있는 분, 가끔씩 물을 챙겨 줄 수 있는 분! 이런 분들께는 다육식물이야말로 최고의 선택입니다. 정신없이 바쁜 일상을 보내다 가끔 들여다보면 '혼자 그 자리에서 꿋꿋이 잘 있었구나! 달리 해준 것도 없는데 어쩜 이리 예쁠까!' 하고 감탄하게 될 거예요. 그 작은 몸이 계절마다 예쁘게 몸단장을 하고, 어여쁜 꽃도 피우지요.

다육식물이란 사막이나 높은 산 등 수분이 적고 건조한 날씨의 지역에서 살아남기 위해, 땅 위의 줄기나 잎에 많은 양의 수분을 저장하고 있는 식물을 말합니다. 대부분 몸에 물을 가득 머금고 있어서 건조에 강하고 쉽게 말라 죽지 않아 키우기 쉽습니다.

다육식물의 또 다른 특징은 CAM식물*이라는 것입니다. 사막과 같은 건조한 지역에 살던 식물들은 다른 식물들과는 다르게 낮에 기공을 닫고, 밤에 기공을 열어요. 뜨겁고 건조한 낮에 과도한 수분 손실을 막기 위함이지요. 그래서 다육식물들은 밤에 이산화탄소를 흡수하고 산소를 내뿜습니다. 침실에 빛이 잘 들어온다면 다육식물을 키워보셔도 좋겠습니다. 만약 집에 햇빛이 들어오는 시간이 짧다면 반음지에서도 잘 자라는 하월시아속 식물을 추천합니다.

---

* CAM(Crassulacean Acid Metabolism)식물: 크래슐산 대사를 통해 탄소 고정이 일어나는 식물. CAM 식물에는 16,000여 종이 알려져 있는데 이는 전체 식물의 7%에 해당한다.

○○ 다육식물 고르는 팁

처음부터 비싼 희귀식물이나 예쁜 화분에 심어져 있는 완성분을 사는 것보다는 화원의 여러 가지 다육식물들을 구경하며 '국민이'라고 불리는 저렴한 모종을 몇 종 구입해 보세요. 하나에 천원 정도 하므로 부담 없이 접근할 수 있습니다. 몇 종류를 키워보면 다육식물에 대한 감이 오니 그 후에 더 늘리시길 권합니다.

화원에서 다육식물을 고를 때는 몇 가지를 확인합니다.

① 잎장 사이, 줄기를 살피며 병충해를 확인합니다.
벌레의 흔적이 있는지, 까맣게 무른 곳이 없는지, 줄기나 잎이 움푹 파인 곳은 없는지 눈으로 꼼꼼히 확인합니다.

② 줄기가 굵고 튼튼한 것을 고릅니다.

③ 웃자라지 않고 단단하게 자란 것을 고릅니다. 잎 사이사이 줄기가 길어져 있거나 잎장이 띄엄띄엄 난 것은 피합니다.

④ 위와 옆에서 봤을 때 잎이 사방으로 균형 잡히고 모양이 고른 것, 건강해 보이는 것을 고릅니다.

⑤ 표면에 뽀얀 가루가 있는 것은 손으로 만지지 않습니다. 다육식물들이 잎 표면에 백분을 만드는 것은 강한 햇빛에 자신을 보호하고 수분 손실을 막으며 곰팡이나 바이러스에 대한 방어를 위한 것인데 손을 대면 그 부분은 손자국이 남으며 사라진 백분은 회복이 잘 안 됩니다.

○○ 다육식물에 적합한 흙

다육식물들은 통기성, 배수성, 보수성이 있는 용토에 심는 것이 중요합니다. 화원이나 다육식물 전문 매장에서는 다육식물에 적합한 흙들을 배합하여 소포장으로 판매하기 때문에 처음에는 그런 흙을 구입해 쓰는 것도 좋습니다.

직접 배합하려면 상토, 마사(굵은 모래), 펄라이트, 훈탄 정도만 있어도 좋고 제올라이트, 적옥토·녹소토(산야초) 정도까지 있다면 훌륭합니다.

저는 대개 상토 40% + 마사 등 입자가 큰 용토 60%를 기준으로 식물의 종류에 따라 상토의 비중을 더 늘리거나 줄입니다. 다육식물을 좀 더 크게 성장시키고 싶다면 상토의 비율을 더 늘려주면서 부엽토 등의 유기질 퇴비도 섞어주면 됩니다. 그러나 본래 척박한 흙에서 살던 다육식물들은 거름기가 많은 비옥한 흙에 심으면 웃자랄 수 있습니다. 또 흙이 오래도록 축축하면 무름병이나 뿌리썩음병이 잘 발생할 수 있어서 무엇보다 흙의 배수성·통기성이 중요합니다. 하지만 물을 자주 주지 않기 때문에 뿌리가 바싹 말라 떨어지는 것을 방지하기 위해 배수성·보수성이 좋은 적옥토가 들어가면 좋습니다.

○○ 다육식물 분갈이

　다육식물은 덩치가 커졌든 그대로든 1~2년에 한 번은 분갈이해 주는 것이 좋습니다. 분갈이를 오랫동안 하지 않으면 화분 속에 뿌리가 가득 차고 말라 죽은 뿌리도 많아집니다. 썩거나 죽은 뿌리는 꼭 제거해야 합니다.
　식물의 덩치가 많이 커지고 화분이 좁아 보인다면 화분 크기를 키워주고, 덩치 변화가 별로 없다면 긴 뿌리를 자르고 정리해서 그 화분에 그대로 심어주면 됩니다.
　만약 화원에서 사 온 다육식물이 상토에 심어졌는데, 분갈이하며 마사가 많은 배합으로 바꿔주고자 한다면, 기존의 흙을 거의 다 털어주고 새 흙에 심는 것이 좋습니다. 그렇지 않으면 새로운 흙에 뿌리를 내리지 못하는 경우가 많습니다.
　다육식물은 몸에 수분을 많이 가지고 있어서 분갈이 시 굵은 뿌리를 잘랐다면 무름병을 예방하기 위해 음지에서 2~3일 잘린 단면을 말린 후 심습니다. 분갈이 후에도 물을 바로 주지 않고, 일주일 후에 줍니다.

○ 계절별 관리

| 봄 (3~5월)

봄은 다육식물들의 사계 중 말 그대로 '봄날'입니다. 베란다에서 추위에 움츠리고 있던 다육식물들이 기지개를 켜고 '이제 좀 달려볼까?' 하는 최적의 성장기입니다. 분갈이해야 하는 화분은 대부분 3월에 해주면 좋습니다.

다육식물을 키우게 되면 베란다 걸이대를 많이 사용하시는데, 따뜻한 봄이라고 갑자기 직광에 내어놓으면 겨울 동안 약한 빛에 적응해있던 다육식물들은 봄볕에 화상을 입게 됩니다. 처음 내놓을 때는 흐린 날을 골라서 내놓거나 아침 햇살만 두어 시간 쬐어주며 서서히 적응을 시키는 것이 좋아요.

다육식물은 건조한 곳에 살던 식물이라 화분 흙이 완전히 마르고도 며칠 후에 물을 주어도 되지만, 봄은 최고의 성장기이기 때문에 며칠에 한 번꼴로 자주 주어도 괜찮습니다. 봄비가 내리면 '비 보약'을 맞춰도 됩니다. 단, 조건이 있어요. 화분 흙이 다 말랐을 때. 통풍이 잘되는 곳일 때….

3월에는 오전에 물을 주어도 되지만 낮 기온이 많이 오를 때부터는 햇살이 좀 약해진 오후 4시 이후에 주는 것이 좋습니다. 다육식물은 잎에서부터 뿌리까지 물을 가득 머금기 때문에 햇빛이 강해지는 한낮에 온도가 높아지면 무를 위험이 있습니다.

| 여름 (6~8월)

습도가 높은 장마철, 또는 며칠 후에 비 예보가 있다면?

절대로 물을 줘서는 안 됩니다. 장맛비를 맞춰서도 안 됩니다. 고온다습한 여름에는 흙이 뽀송뽀송 말라 있어야 안전합니다. 다육식물들에게는 고온다습한 우리나라 여름은 정말 견디기 힘든 계절입니다. 대부분 다육식물들은 우리나라 여름에 성장을 멈추고 휴면하기 때문에 단수시켜도 될 만큼 물 요구량이 적습니다. 하지만 통풍이 잘된다면 크게 신경 쓰지 않아도 돼요. 여러모로 가드닝에서 공기 순환기는 필수 아이템 같습니다. 공기를 순환시켜 주는 것은 어떤 식물이든 아주 중요하지요.

하지만 흙이 바싹 마르고 온몸에 물이 빠져 쪼글거린다면?

그렇다면 저는 며칠간 비 예보가 없고 선선한 저녁에 흙 가장자리로 물을 한 바퀴 쪼로록 돌려주고 바람을 잘 쐬어준답니다. 이때 잎장 사이사이에 물이 고여 있지 않도록 주의합니다. 남향 베란다에서는 여름 햇빛이 부족해서 물까지 많으면 더 웃자랄 수 있습니다.

한여름에는 창문이나 방충망을 통과한 햇빛을 받아도 되지만, 직광에 내어놓는 경우는 어느 정도 차광을 해주는 것이 안전합니다.

가을 (9~11월)

햇빛도 좋고 일교차가 크게 나면서 다육식물들이 어여쁘게 몸단장하는 계절입니다. 다육식물을 기르면서 '이보다 더 좋을 순 없다!'라고 느끼는 계절이 바로 가을입니다. 빨갛게 단풍이 든 모습은 정말이지 어떤 꽃보다 아름답습니다. 가을에는 물주기를 봄처럼 하고, 햇빛을 최대한 많이 쬐어주도록 합니다.

겨울 (12~2월)

월동 준비를 해야 합니다. 대부분 다육식물들은 물을 가득 머금고 있어서 기온이 0℃ 이하로 내려가면 얼어버릴 수 있어요. 저는 일기예보상 영하로 떨어지기 전까지는 베란다 걸이대에서 노숙시킵니다. 영하로 떨어지는 날 베란다 안으로 들이고 최대한 햇빛을 잘 볼 수 있는 장소에 둡니다.

추운 겨울 동안은 여름처럼 물주기 텀이 길어집니다. 물론 겨울이 생장기인 다육식물도 있지만, 대부분의 다육식물들은 10℃ 이하로 떨어지면 물을 주지 않습니다. 저온에서 과습하면 뿌리가 썩고 무를 수 있어요. 10℃ 이상이 유지된다면 맑은 날 오전에 물을 주세요. 저녁에 물을 주면 기온이 떨어지는 새벽에 위험할 수 있습니다.

Q&A

Q. 며칠마다 물을 주나요?

▶ 화분 흙이 다 마르고 나서요. 저는 햇빛과 통풍이 아주 좋은 야외에서는 최소 1주일에 한 번은 주었고, 빛이 잘 들어오는 남향 베란다는 야외 직광보다 며칠 더 늦춰서 줍니다.

Q. 잎이 쪼글쪼글해졌어요.

▶ 흙을 많이 말렸군요. 얼른 물을 주세요.

Q. 아래쪽 잎만 쪼글거리는데, 위쪽 잎은 탱탱해요.

▶ 아래쪽 잎만 그렇고 다른 잎들은 터질 듯 탱탱하다면 성장하면서 생기는 자연스런 하엽일 수 있습니다. 물이 필요 이상 공급되면 다육식물은 웃자랄 수 있습니다.

Q. 꽃잎처럼 펼쳐져 있는 잎들이 안쪽으로 한껏 웅크렸어요.

▶ 흙이 많이 말랐습니다. 물을 주세요.

Q. 물은 얼마만큼 줘야 하나요?
▶ 배수성이 좋은 용토라면 물구멍으로 물이 빠져나올 만큼요.

Q. 줄기에서 뿌리가 나오는데요?
▶ 뿌리가 물을 잘 흡수하지 못하고 있군요. 물을 너무 많이 굶겼을 수 있어요. 좀 더 자주 물을 줘보세요.

Q. 샤워기로 샤워시켜도 되나요?
▶ 네, 됩니다. 하지만 자주 하진 마세요. 샤워시킨 후 잎장 사이에 물이 오래 고여 있지 않도록 하세요. 휴지를 얇게 돌돌 말아 닦아주거나 에어블로워로 고인 물을 제거해주세요. 강한 햇빛에 화상 입을 수 있어요.

○○ 번식

다육식물은 번식이 참 쉬운 편입니다. 엽삽(잎꽂이), 줄기삽(삽목=꺾꽂이), 파종으로 번식할 수 있습니다. 주로 봄, 가을에 합니다.

| 엽삽(잎꽂이)

잎이 흙 위에 떨어졌는데 뿌리가 나고, 작고 귀여운 싹이 올라오는 것을 보신 분들도 있을 거예요. 이것이 엽삽입니다. 잎 하나로도 번식이 가능합니다.

잎을 조심히 떼어낸 후, 바람이 잘 통하는 반음지~음지에서 단면을 며칠간 꼬들하게 말립니다. 잎을 떼어낸 직후는 단면에 물기가 많아서 바로 흙에 꽂으면 무를 수 있습니다. 단면이 흙 쪽으로 가도록 흙 위에 올려놓아도 되고, 단면이 흙에 살짝 들어가도록 해도 됩니다. 뿌리가 나면 흙속으로 들어갈 수 있게 하고 새잎이 어느 정도 나오면 물을 찔끔 줍니다. 하루 한 번꼴로 분무기로 물을 뿌려주는 것도 좋습니다.

줄기삽(꺾꽂이)

길게 웃자란 다육식물이 있다면 줄기를 꺾꽂이하여 다시 아담하게 시작할 수 있습니다. 칼을 에탄올, 알콜솜, 가스불 등으로 소독한 후 줄기를 자릅니다. 가위로 자르면 단면이 뭉개질 수 있으므로 칼로 다시 매끄럽게 잘라주는 것이 좋습니다. 바람이 통하는 반음지에서 단면을 일주일 정도 말리고 흙에 심어줍니다. 뿌리가 없어서 쉽게 넘어질 수 있으므로 마사나 자갈, 피자고정핀 등으로 지지해줍니다. 반음지에서 며칠 요양 후 점점 빛을 늘려줍니다. 심은 지 7일~10일 이후에 물을 줍니다. 잘린 모주의 줄기에서도 새싹이 많이 올라올 거예요.

제5장

키우기 쉬운 다육식물

○○ 산세베리아

영명	Snake plant, mother in law's tongue
학명	Dracaena trifasciata
과	비짜루과
원산지	아프리카 남서부
번식	포기나누기, 꺾꽂이
난이도	하

가뭄에서도, 빛 부족에서도, 분갈이하지 않아도 웬만하면 살아남는 강인한 식물입니다. 베란다나 실내, 어디든 잘 지냅니다.

빛 밝은 빛을 좋아하지만, 어느 곳에서든 잘 자랍니다. 창가에서 햇빛을 잘 받도록 하면 통통하고 건강하게 자라고, 빛이 부족하면 옅은 색으로 가늘고 길게 웃자라는 편입니다.

온도	15~25℃의 따뜻한 기온에서 잘 자랍니다. 겨울에도 10℃ 이상을 유지해 주면 좋지만 5℃까지 무난하게 견딥니다.
물	과습으로 인한 무름병만 조심하면 오래도록 잘 큽니다. 화분 흙이 모두 다 마른 후에 물을 주세요. 햇빛과 바람이 좋은 장소에서는 일주일에 한 번도 주고, 실내 안쪽에 있다면 한 달에 한 번 줄 수도 있습니다. 잎 표면에 주름이 지면서 쪼글쪼글해지면 물이 부족하다는 신호입니다. 겨울 10℃ 이하로 내려가는 곳에서는 흙을 더 건조하게 관리합니다.

분갈이 및 비료

화분에 뿌리가 가득 차도록 키웁니다. 몇 년에 한 번씩만 해주면 됩니다. 다른 다육식물들보다 잎도 크고 성장이 빠른 편이기 때문에 위쪽의 오래된 흙을 걷어내고 영양가 있는 새 흙을 덮어주어도 좋습니다. 성장기에는 두 달에 한 번꼴로 희석시킨 액체비료를 주거나 완효성 비료를 올려줍니다.

스투키? 아니고 실린드리카!

'스투키'라고 잘못 알려진 '실린드리카'도 산세베리아의 한 종류입니다. 시중에 많이 보이는 막대형 실린드리카는 본래 부채 형태로 자라는 것인데 기둥을 다 잘라 삽목하여 파는 것입니다.

본래 부채 형태로 자라는 실린드리카

잘라서 삽목한 것

이런 산세베리아들은 키가 더 이상 자라지 않고 시간이 지나면 자구를 냅니다. 흙에서 새순이 빼꼼 나오는 것이지요. 처음 샀던 모습 그대로 키우고 싶다면 새순을 뽑아주는 것이 좋습니다. 그대로 계속 둔다면 자구를 키우기 위해 모체(=삽수)는 모든 영양분을 주고 점점 마르게 됩니다. 모체와 자구 모두 다 잘 키우고 싶다면, 모체의 상태도 좋고 자구도 어느 정도 성장했다 싶을 때 분리를 하면 됩니다. 너무 어릴 때 떼어내면 젖먹이 아기를 독립시킨 것이 되어 자구의 성장 속도가 엄청나게 느려집니다. 자구는 본래 실린드리카의 형태로(부채 모양) 성장합니다.

칼랑코에

유튜브 "바로가기" QR ◀

영명	Kalanchoe
학명	Kalanchoe blossfeldiana
과	돌나물과
원산지	마다가스카르
번식	꺾꽂이, 잎꽂이
난이도	하

칼랑코에는 관리가 어렵지 않아 초보자도 쉽게 키울 수 있고, 꽃을 피운 상태로 길면 두 달까지 가는, 가격도 저렴해서 진입장벽이 낮은 식물입니다. 꾸준한 품종개량으로 다양한 색깔의 꽃, 홑꽃·겹꽃이 있어서 취향대로 고를 수 있습니다.

빛 여름을 제외하고는 야외 직사광선에서 키워도 좋을 만큼 햇빛을 많이 필요로 합니다. 햇빛이 부족하면 연약하고 길게 웃자라서 보기 싫게 되지요. 적어도 반양지(빛이 잘 들어오는 창가)에서 키워야 합니다.

온도 16~26℃에서 잘 자라고 무더위에는 약하므로 여름에는 반음지에 두고 물주기 텀을 길게 잡습니다. 겨울 10℃ 이하에서는 휴면에 들어가서 생장을 멈추지만 5℃까지는 잘 버팁니다.

물 속흙까지 모두 마르면 물을 주세요. 여름과 겨울에는 흙을 더 건조하게 관리합니다. 하지만 개화기에는 속흙까지 바싹 마르지 않도록 평소보다 물을 자주 챙겨줍니다.

흙 보통 농장에서는 피트모스50 : 펄라이트50의 비율로 심는 편인데, 저는

	상토50 : 펄라이트·마사나 산야초50 정도로 해서 심어요.
비료	꽃을 많이 피우기에 비료 요구량이 있는 식물입니다. 생장기에 한 달에 한 번꼴로 액체비료를 희석해서 줍니다.
단일식물	단일식물이기 때문에 낮이 짧아지고 밤이 길어져야 꽃눈을 만듭니다. 낮에는 빛을 잘 받도록 하고, 하루 중 최소 14시간은 빛이 차단되어야 합니다. 6~8주 동안 지속적으로. 낮 동안 들어오는 햇빛 이외의 인공 빛이 없는 곳에서는 자연적으로 가을이 지나면서 꽃눈을 만들고 1~3월에 개화합니다. 하지만 저녁에도 인공빛에 노출되는 곳에 둔다면 박스나 검은 비닐을 덮어씌워 단일 처리를 해주어야 꽃을 볼 수 있습니다. 농장에서는 인공적으로 이러한 처리를 해주기 때문에 화원에는 거의 일 년 내내 꽃핀 칼랑코에를 볼 수 있는 거지요.

가지치기, 순따기

꽃이 지고 나면 꽃대를 자르고, 웃자라거나 길어진 줄기는 가지치기를 해주는 것이 좋아요. 꽃대는 줄기 끝부분에서만 나오기 때문에 곁가지들을 많이 유도해서 생장점을 최대한 많이 만들어주면 훨씬 더 풍성한 꽃을 볼 수 있습니다. 그러기 위해 줄기가 자라면 주기적인 가지치기나 순 따기로 곁가지를 더 많이 만들어보세요. 하지만 가을 이후로는 멈춰야 꽃눈이 만들어져서 1~2월에 칼랑코에 꽃을 볼 수 있답니다.

유튜브 "바로가기" QR ◀

꽃이 지고나서 연약하게 웃자란 가지들을 바짝 잘랐어요.

곁순이 나오면 부지런히 순따기를 하고 햇빛을 잘 보여주었더니 나무처럼 풍성해졌어요.

칼랑코에속 식물들

Kalanchoe Thyrsiflora

Kalanchoe beharensis

Kalanchoe x laetivirens

Kalanchoe tomentosa

○ 선인장

영명	Cactus
속	Cactaceae
과	선인장과
원산지	아메리카
번식	종자, 꺾꽂이, 분지, 접목
난이도	하

다육식물의 범주에 속하는 선인장은 식물계에서 가장 많은 종속을 가지고 있는 식물로 150속 이상, 2,500종 이상이 있습니다. 대부분 건조한 곳에서 살아남기 위해 다육질의 두꺼운 줄기에 물을 저장해놓으며 수분 증발을 최소한으로 하기 위해 잎이 아주 작거나 거의 없어지고 가시의 형태로 변했지요. 또한 가시는 초식 동물과 강한 햇빛으로부터 자신을 보호하는 기능을 한답니다. 선인장에는 '가시 자리'가 존재한다는 것이 다른 다육식물과의 중요한 차이점입니다. 선인장 외에 가시가 있는 것들은 표피 조직 일부가 돌출되어 가시가 된 것일 뿐 가시 자리는 없습니다.

빛	대부분 강한 햇빛을 좋아하고 햇빛이 잘 들어오는 창가에서 통통하고 건강하게 크지만, 빛이 부족한 반음지에서도 잘 자랍니다. 사실상 장소를 크게 가리지 않지요. 하지만 빛이 부족하면 줄기가 가늘고 약하게 길어지며 꽃을 볼 수 없어요. 반음지에 있던 선인장을 돌연 직광에 내놓는다면 화상을 입으니 빛의 세기는 서서히 변화시켜주세요. 무더운 한여름의 햇빛도 차광해주는 것이 안전합니다.
온도	품종에 따라 다르지만, 대부분의 선인장은 20~30℃에서 잘 자랍니다. 한여름 더위에는 대부분 생육이 멈추므로 차광과 통풍을 잘 시켜주고, 겨울 10℃ 이하로 떨어지면 흙을 건조하게 관리합니다. 대부분 5℃ 이상이면 안전합니다.
물	과습에 약하고 건조에 강합니다. 선인장이 죽는다면 과습인 경우가 대부분입니다. 배수성과 통기성이 좋은 흙에 심고 봄·가을에는 속흙까지 다 말랐을 때 물을 흠뻑 줍니다. 한여름에는 물을 듬뿍 주는 것이 아니라 흙의 온도를 살짝 내려준다는 개념으로 가볍게 흩뿌려주고 통풍을 잘 시켜 뿌리가 썩지 않도록 합니다. 기온이 10℃ 이하로 떨어져도 대부분의 선인장이 휴면합니다. 이때 줄기가 심하게 쪼글쪼글해졌다면 따뜻한 날 오전에 물을 가볍게 주고 저녁에는 흙이 마르도록 하는 것이 좋아요. 만약 기온이 뚝 떨어지는 밤까지도 흙이 푹 젖어있다면 따뜻한 거실로 들여놓는 것이 안전합니다.
흙	굵은 모래 70% + 부엽토 20% + 훈탄 10% 정도면 적절합니다. 산성을 싫어하므로 잘게 부순 달걀껍데기나 조개껍데기, 석회를 약간 섞어주는 것도 좋습니다. 분갈이 시 신문지를 여러 번 접은 후 선인장을 감싸잡습니다.
비료	비료를 쓰기보다는 분갈이를 통해 오래된 흙을 털어주고 유기질 퇴비가 섞인 새 흙으로 갈아주는 것이 더 좋습니다. 비료를 쓰고자 한다면 성장기인 봄에 알비료를 얹어주거나 한 달에 한 번꼴로 액체 비료를 아주 연하게 희석해서 줍니다. 개화를 목적으로 한다면 개화용 비료로 챙겨주세요.
번식	다육식물의 삽목 방법으로 쉽게 번식할 수 있습니다. 대부분의 선인장은 절단 부위가 크기 때문에 1주일 이상 절단 부위를 잘 말린 후 심습니다.

◐○ 게발선인장

영명	Christmas cactus / Crab cactus
속	Schlumergera
과	선인장과
원산지	브라질
번식	꺾꽂이
난이도	하

 줄기의 모양이 게발, 가재발과 닮았다고 해서 '게발 선인장', '가재발 선인장'이라고 부릅니다. 마디 모양·톱날 모양이 조금씩 다른 종류, 꽃을 피우는 시기도 12월부터 4월까지 다른 종류들이 있지만 키우는 방법은 대부분 같습니다. 해마다 납작한 줄기들이 마디마디 연결되어 길게 늘어지면서 점점 풍성해지고 때가 되면 줄기 끝마다 빨간 꽃봉오리를 올리는 모습이 정말 신기합니다.

빛	선인장이지만 사막 출신이 아닌 브라질 출신입니다. 습한 삼림의 나무나 바위 등에 착생해서 살아가던 식물이기 때문에 직사광선을 피해 반양지~반음지의 빛이 가장 좋습니다.
온도	18~25℃의 따뜻한 온도에서 잘 성장합니다. 겨울에는 최저 5℃ 이상에 둡니다.
습도	50~70%의 꽤 높은 공중습도를 좋아합니다. 게발선인장은 건조한 다육식물 구역이 아닌 촉촉한 관엽식물 구역에 두어도 좋습니다.
물	속흙까지 대부분 마르면 물을 흠뻑 줍니다. 하지만 꽃봉오리들이 여물어 갈 때는 물시중을 더 잘해야 합니다. 겉흙이 충분히 마르면 물을 흠뻑 주세요. 줄기들이 얇아지고 쪼글쪼글해 보인다면 물이 부족하다는 신호입니다.
흙	피트모스·상토·부엽토 50% + 펄라이트·굵은모래 50% 정도로 심어줍니다.
비료	꽃이 지고 나면 완효성 비료를 얹어주거나 한 달에 한 번꼴로 액체비료를 연하게 희석하여 줍니다.
번식	납작한 줄기 한 마디 혹은 두세 마디를 떼어내어 단면을 말린 후 흙에 꽂아줍니다.

단일식물

단일 처리가 되어야 꽃눈을 만듭니다. (254p 단일식물 참고) 가을부터는 저녁에 인공 빛이 없는 장소에 둬야 겨울에 꽃봉오리를 올립니다.

○ 염자 (크라슐라속)

영명	Jade plant
학명	Crassula ovata
과	돌나물과
원산지	남아프리카
번식	꺾꽂이
난이도	하

염자는 '화월(花月)'이란 이름으로 유통되기도 합니다. 수목 형태로 자라고 성장도 빠른 편이기 때문에 오래 묵을수록 한 그루의 멋진 나무처럼 자랍니다. 일교차가 큰 봄·가을, 직광을 잘 받으면 단풍이 들면서 얼마나 아름다운지 몰라요.

빛   최대한 직광을 많이 보여주면 좋지만, 밝은 음지에서도 잘 견디는 편입니다. 하지만 빛이 부족하면 연약하게 웃자라고 볼품이 없어지므로 양지~반양지에서 키웁니다.

온도	15~30℃의 따뜻하거나 더운 온도에서 잘 자랍니다. 영하로만 안 떨어지면 추위를 잘 견디지만 5℃ 이상을 유지해주면 더 좋습니다.
물	화분 흙이 모두 마르면 물을 흠뻑 주는데, 통통한 잎들이 얇아지고 살짝 주름이 보인다면 물이 부족하다는 신호입니다. 고온다습한 여름에는 물주기 텀을 길게 늘려 주고, 10℃ 이하의 겨울에도 흙을 건조하게 관리합니다.
분갈이	뿌리 발달이 좋은 편이라 1~2년에 한 번은 뿌리가 꽉 찼는지 확인하고 분갈이를 해주세요. 저는 뿌리를 많이 정리하고 같은 크기의 화분에 심어 주는 편입니다.
비료	봄에 완효성 비료를 얹어주거나 봄~가을까지 한 달에 한 번꼴로 연하게 액체 비료를 줍니다.
꽃	꽃을 특히 잘 피우는 염자 종류도 있지만, 모든 염자는 꽃을 피운다고 합니다. 다만 키운 지 오래 묵은 대품이어야 하고, 단일 처리가 이루어지는 등 환경이 잘 맞아야 합니다. 꽃을 보기 위해선 햇빛을 잘 받게 하고, 가지치기와 순 따기도 멈추어야 합니다. 가을부터 물을 많이 말리며 스트레스를 주면 위기를 느낀 염자는 종족 번식을 위해 꽃을 더 잘 올린다고 합니다.
순따기	염자는 수형이 잘 잡히면 정말 아름답기 때문에 저는 한 아름 풍성한 나무 같은 수형을 위해 오늘도 줄기 끝순을 따줍니다. 화원에서 염자를 고르실 때는 대품 나무가 되었을 때를 상상하면서 목대와 수형을 보고 고릅니다.

크라슐라속의 식물들

Crassula ovata 'Gollum'

Crassula pyramidalis

○○ 녹영 (세네이오속)

영명	String of pearls
학명	Senecio rowleyanus
과	국화과
원산지	서남아프리카
번식	꺾꽂이
난이도	하

덩굴성 다육 식물로 줄기가 가늘고 길게 자라며 1cm 간격으로 동그란 잎이 생깁니다. 병충해도 거의 없어서 과습만 조심한다면 정말 키우기 쉬운 식물입니다. 줄기가 흙에 닿으면 뿌리가 나오기 때문에 번식도 아주 쉬워요.

빛	직광을 피해 햇빛이 잘 들어오는 베란다 창가에서 키우고, 한여름 강한 햇빛은 어느 정도 차광해줍니다. 빛을 잘 받으면 가을~봄에 꽃을 피웁니다. 빛이 많을수록 잎이 작아지고 촘촘하게 달립니다.
온도	15~25℃에서 잘 자랍니다. 겨울에는 10℃ 이상이 좋고, 최저 5℃ 아래로 내려가지 않도록 합니다.
물	화분 흙이 거의 다 마르면 물을 주는데, 동그랗고 탱탱한 잎에 탄력이 없어지며 살짝 쪼글거린다면 물이 부족하다는 신호입니다. 저는 거의 한 달에 한 번 정도 주는 것 같아요. 다습한 여름과 겨울 10℃ 이하에서는 흙을 좀 더 건조하게 관리하지만 단수하진 않습니다.
분갈이	녹영은 분갈이할 때 까다로울 수 있어요. 주렁주렁 달린 잎과 연약한 줄기, 아주 얇고 가득 엉킨 뿌리…, 길어진 줄기들을 화분 위에 다 말아 얹고 손바닥으로 잘 감싸 쥔 후 화분을 엎습니다.

세네시오속 식물들

Senecio candicans

Senecio haworthii

ㄱㅇ 러브체인 (세로페기아속)

영명	String of hearts
학명	Ceropegia woodii
과	박주가리과
원산지	아프리카, 마다가스카르
번식	꺾꽂이, 구근
난이도	하

얇고 긴 줄기에 하트모양의 잎이 주렁주렁 달려있어서 '러브체인'으로 불립니다.

빛 줄기와 잎이 길게 늘어지며 자라기 때문에 햇빛이 잘 들어오는 창가, 반양지에서 걸이용 화분으로 기르기 적합합니다.

온도 16~25℃의 온화한 온도에서 잘 성장하고 겨울에는 최저 5℃ 이상을 유지합니다.

물 화분 흙이 모두 말랐을 때 물을 흠뻑 줍니다. 고온다습한 여름과 겨울 10℃ 이하에서는 흙을 좀 더 건조하게 관리합니다.

흙 걸이용 화분으로 많이 키우기 때문에 화분의 무게를 가볍게 하기 위해 가벼운 펄라이트와 녹소토, 훈탄 등을 배합해 줍니다.

번식 오래 키우다 보면 알뿌리가 생기고 크기가 점점 커집니다. 간혹 흘러내린 줄기의 잎과 잎 사이에도 콩알만 한 구근이 생깁니다. 그 부분을 잘라서 흙에 꺾꽂이하면 쉽게 번식됩니다. 줄기가 너무 길어지면 잎이 몇 장씩 붙어있도록 줄기를 적당한 길이로 잘라 흙에 꽂아 번식시킵니다.

○ 알로에 속

속	Aloe
과	백합과
원산지	아프리카 (열대, 아열대, 온대)
번식	꺾꽂이, 포기나누기
난이도	하

우리나라에서는 예로부터 식용 및 약용으로 많이 쓰였지요. 식용으로 쓰이는 것은 대형으로 자라는 알로에 베라, 알로에 사포나리아, 알로에 아보레센스 등이고, 원예종으로는 작은 알로에들이 인기입니다. 전반적으로 성질이 강건하기 때문에 과습만 피하면 키우기 쉬운 편입니다.

빛 직사광선이나 햇빛이 잘 들어오는 베란다 창가에서 잘 자랍니다.

온도 더위와 추위에 강한 편입니다. 봄~가을까지 잘 성장하고 겨울에는 최소 5℃ 이상을 유지하는 것이 좋습니다.

물 물을 너무 많이 주지 않는 것이 중요합니다. 화분의 속흙까지 완전히 다 마르면 물을 주고 통풍을 잘 시켜줍니다. 고온다습한 여름과 겨울 10℃ 이하에서는 흙을 좀 더 건조하게 관리합니다. 물이 충분하면 잎장이 통통하고 단단하지만 물이 부족하면 잎장이 얇아집니다. 과습하면 무름병이 발생할 수 있습니다.

○○ 에케베리아속

속	Echeveria
과	돌나물과
원산지	아프리카, 중남미
번식	잎꽂이, 꺾꽂이
난이도	하

 다육식물 중 가장 인기 있고 화원에서 가장 많이 볼 수 있는 식물입니다. 장미꽃과 같은 로제트 모양으로 자라고, 그 종류와 교배종들이 수없이 많습니다. 성장이 빠른 편이고, 커갈수록 아래쪽 잎이 하엽지는데, 잎이 다 마르기 전에 떼어내면 목대에 상처가 생길 수 있으므로 바싹 마를 때까지 기다렸다가 제거해줍니다.

빛	햇빛을 좋아하므로 직광이나 햇빛이 종일 잘 들어오는 베란다 창가에서 키웁니다. 여름에는 강한 햇빛을 차광시켜 줍니다.
온도	추위에는 비교적 강해서 0℃ 이상이면 대부분 견딥니다. 하지만 종류에 따라 월동 온도가 다르므로 3℃ 이상을 유지해 줍니다. 더위에는 약해서 대부분 여름에 휴면하지만, 그때에도 아름다운 모습은 계속 유지합니다.
물	흙이 다 마르면 물을 줍니다. 물을 자주 주면 웃자람이 심한 종류들이 있기 때문에 베란다 안에서 키울 때는 흙이 마르고 나서도 며칠 후에 물을 줘도 괜찮습니다. 잎에 물이 계속 고여있으면 햇빛에 화상을 입거나 무를 수 있으므로 잎 중앙이나 잎장 사이사이에 고인 물은 블로워로 없애주세요. 여름 휴면기에는 단수시키고, 겨울 10℃ 이하에서도 흙을 건조하게 관리합니다.

파키피툼속

속	Pachyphytum
과	돌나물과
원산지	멕시코
번식	잎꽂이, 꺾꽂이
난이도	하

도톰하고 동글동글한 잎이 사랑스러워서 '~미인'이란 이름이 붙은 종류가 많습니다. 비교적 웃자람도 적고 가뭄에도 강하며 1년 내내 자라는 편입니다.

- **빛** 직광이나 햇빛이 종일 잘 들어오는 베란다 창가에서 키웁니다. 일 년 내내 햇볕을 잘 쬐어줍니다.
- **온도** 더위에도 강하고 추위에도 강합니다. 겨울에도 계속 성장하게 하려면 10℃ 이상에 두는 것이 좋고, 0℃ 이상이면 잘 견딥니다.
- **물** 배수가 잘되는 흙에 심고 흙이 모두 다 마르면 물을 줍니다. 둥글고 통통한 잎에 물을 많이 저장하고 있으므로 과습이 되지 않도록 주의하고 겨울철에도 10℃ 이상이면 평소처럼 물을 줍니다.

○○ 하월시아속

속	Haworthia
과	백합과
원산지	남아프리카
번식	포기나누기
난이도	하

실내 반음지에서 다육식물을 키우고 싶다면 하월시아를 선택해 보세요. 하월시아는 잎끝이 투명해서 햇빛을 모으는 렌즈의 역할을 하기 때문에 적은 빛으로 잘 자랍니다. 부드러운 잎을 가진 종류, 딱딱한 잎을 가진 종류가 있는데, 잎이 딱딱한 종류가 더 강합니다.

빛	반음지의 부드러운 빛에서 잘 자랍니다. 강한 햇빛에서는 색이 검게 변할 수 있는데 반음지에 두면 서서히 회복됩니다.
온도	더위와 추위에 강한 편이지만 겨울에는 최소 3℃ 이상을 유지하면 좋습니다.
물	흙이 마르면 물을 줍니다. 잎이 얇아지면서 쪼그라들거나 갈색으로 변하면 물이 부족하다는 신호입니다. 뿌리를 너무 바싹 말리지 않도록 관리합니다.

○○ 코노피툼속

유튜브 "바로가기" QR ◀

속	Conophytum
과	석류풀과
원산지	남아프리카
번식	분두(머리나누기), 종자
난이도	하

　코노피툼은 아주 많은 일조량이 필요하지 않기 때문에 하월시아처럼 실내에서 키우기 적합합니다. 하트 모양, 치아 모양으로 정말 귀엽고 사랑스러운 식물입니다. 여름 휴면기에는 마른 껍질로 뒤덮였다가 껍질을 벗고 탈피합니다. 전년에 꽃이 한 송이 피었던 것은 탈피하면서 머리가 2개로 되고, 꽃이 피지 않았던 것은 그대로 하나만 머리를 냅니다. 코노피툼을 기르면서 매해 머리를 늘리는 것을 보는 재미가 쏠쏠하지요. 꽃도 참 예쁘답니다.

빛	반양지~반음지에서 잘 성장합니다. 1년 내내 베란다 창가에서 잘 자랍니다.
온도	가을~봄까지 잘 성장하고 고온다습한 여름이 오면 휴면합니다. 여름에는 반음지에서 통풍에 신경 씁니다.
물	속흙까지 다 마른 후, 잎이 살짝 쪼글쪼글해질 때 물을 주면 됩니다. 성장기에는 대개 2~4주에 한 번 물을 주고, 고온다습한 여름은 휴면하기 때문에 단수하고 푹 쉬게 합니다. 탈피할 때도 역시 단수하는데, 신엽이 구엽의 수분과 영양분을 흡수하며 성장하기 때문에 물을 더 부어주면 과습이 됩니다. 구엽이 갈라져서 바싹 마르면 껍질을 제거해주시면 됩니다.
분갈이	여름 휴면기를 마치고 9월에 분갈이해 주는 것이 좋습니다. 오래 묵은 뿌리는 잘라낸 후 심으면 더 잘 성장합니다.

○○ 리톱스속

영명	Living stone
속	Lithops
과	석류풀과
원산지	남아프리카
번식	종자, 분두(머리나누기)
난이도	중

그리스어 'lithos(돌)'+'ops(비슷하다)'에서 유래하여 '돌을 닮은 식물'이란 이름이 붙었어요. 리톱스는 특히 저희 아들이 좋아하는 식물입니다. 남아프리카 사막 지대에서 목마른 동물들에게 들킬까 봐 자갈처럼 변장하고, 더운 사막에서 마르지 않기 위해 몸의 절반을 땅속에 묻고 잎 두 장만 땅 위로 내밀었지요. 해가 지고 밤이 되면 차가워진 돌 위에 이슬이 맺히고 자갈들 틈에서 그 물방울을 먹으며 살아갑니다. 주변 자갈·흙의 색깔과 비슷한 보호색을 띠고 살아가기 때문에 붉은

색, 회색, 갈색, 녹색 등 색깔이 다양하고 얼룩덜룩 무늬도 있어요. 대개 가을부터 꽃을 피우는데, 잎 사이로 꽃대가 삐죽 올라와서 크고 화려한 꽃을 피웁니다. 꽃이 지고 나면 봄에 탈피하여 번식하지요.

빛	봄·가을에는 직광도 좋고, 햇빛이 가장 잘 들어오는 창문 바로 앞이 좋습니다. 빛이 부족하면 길게 웃자라게 됩니다. 하지만 여름에는 고온의 강한 빛은 차광해야 잎이 화상을 입지 않습니다.
온도	적정 생육온도는 10~25℃입니다. 가을~봄까지 잘 성장하고, 고온다습한 여름과 겨울 10℃ 아래에서 성장을 멈추고 휴면합니다. 더위에 약하므로 통풍을 잘 시켜줘야 합니다.
물	과습하면 무름병이 잘 발생하기에 조심해야 합니다. 봄·가을에는 한 달에 한 번가량 물을 주고 통풍에 신경 씁니다. 고온다습한 여름철, 10℃ 아래로 떨어진 겨울, 탈피할 때. 이 세 가지 경우에 단수하고 물을 주지 않습니다. 신엽이 구엽의 수분과 영양분을 흡수하며 성장하기 때문에 물을 더 부어주면 과습이 될 수 있어요. 구엽은 자연히 바싹 말라 벗겨집니다.

분갈이·흙

몸체 크기가 워낙 작아서 일반 다육식물들보다 소립인 마사·모래를 쓰는 편입니다. 리톱스는 뿌리가 직립으로 뻗기 때문에 나즈막한 화분보다는 높이가 있는 화분을 주로 씁니다. 잎이 길게 웃자랐다고 흙 속에 많이 넣어 심으면 무름이 잘 발생하고, 후에 탈피해서 나오는 새잎도 길어지게 되니 흙에 깊이 파묻지 마세요. 뿌리와 잎의 하단 부분만 흙 속에 들어가도록 심는 것이 좋습니다.

ㄱㅇ 이럴 땐 이런 식물

| 잘 죽지 않아 초보자에게 추천하는 식물

산세베리아, 염자, 알로에, 칼랑코에, 게발선인장 외 다육식물, 달개비, 호야, 금전수, 개운죽, 몬스테라, 스킨답서스, 싱고니움, 관음죽, 필로덴드론, 스파티필름, 펠라고늄(제라늄)

| 공간별 추천 식물

아파트 생활을 많이 하는 우리나라에서는 베란다와 거실 이외의 공간들은 대부분 햇빛과 바람이 부족한 경우가 많습니다. 특히 야생화, 허브, 침엽수, 올리브, 유칼립투스 등의 식물은 빛과 바람이 부족한 실내에서는 수명이 짧아집니다. 그래서 침실, 주방, 욕실, 공부방 등에서는 오래 잘 키우는 것을 목표로 삼기보다는 저렴한 포트를 사서 식물의 이점을 누리고, 수명이 다하면 교체해준다는 개념으로 가볍게 접근하시면 좋겠습니다.

거실

반음지에서 잘 자라며, 화분 한두 개만 두어도 존재감이 있고, 선이 아름다운 식물들을 추천합니다.

고무나무, 극락조화, 여인초, 파키라, 아레카야자, 알로카시아, 드라세나, 몬스테라, 필로덴드론

침실

침실 창가로 햇빛이 들어온다면 밤에 이산화탄소를 흡수하고 공기를 내뿜는 식물들을 추천해요.

다육식물(선인장, 알로에, 산세베리아), 팔레놉시스(호접란), 틸란시아, 디스키디아(디시디아), 페페로미아, 호야

주방

비흡연 여성의 폐암 발병률이 매년 증가하는 추세입니다. 조리 시 발생하는 유해 가스들을 흡수하고, 빛이 잘 들지 않는 곳에서도 잘 사는 식물들 위주로 두면 좋겠지요. 만약 창문이 있어서 빛이 잘 들고 바람도 잘 통하는 주방이라면 허브도 좋은 선택입니다.

스킨답서스, 헤데라(아이비), 스파티필름, 싱고니움, 보스턴고사리, 로즈마리, 바질, 타임, 애플민트(허브 중 반음지에서도 잘 자람)

욕실

아파트 구조상 대부분 욕실에는 햇빛이 거의 들지 않고, 환기할 창문도 없습니다. 이런 곳에서 오래도록 견디는 식물은 솔직히 없어요. 주기적으로 반음지로 이동시켜주면 좋습니다. 암모니아와 각종 냄새 제거에 탁월하고 부족한 빛으로도 잘 견디는 식물들을 추천합니다. 수경재배도 좋아요.

관음죽, 개운죽, 스킨답서스, 스파티필름, 헤데라(아이비)

공부방

대부분 아이들 방은 공부방인 동시에 침실인 경우가 많지요. 따라서 안정감과 집중력을 올려주는 녹색 식물, 음이온을 많이 내뿜는 식물들을 추천합니다. 아이 스스로 자기 식물을 돌보고 물도 주도록 하면 좋지요. 크게 관리할 필요가 없는 수경재배도 좋습니다.

산세베리아(실린드리카 포함), 개운죽, 박쥐란, 틸란시아, 스킨답서스, 스파티필름, 필로덴드론, 파키라, 호야 케리, 페퍼민트, 로즈마리

집의 방향에 따른 추천 식물 (양지~음지 식물들은 35p 참고)

남향

빛이 잘 드는 남향은 들이고 싶은 식물이 뭐든지 다 들여도 됩니다. 가드닝에 있어서 햇빛이 8할이라 할 정도로 빛의 역할이 크거든요. 양지 식물, 반양지 식물, 반음지 식물 등 모든 종류를 도전해볼 수 있습니다. 다만 여름에는 햇빛이 잘 들어오지 않아서 웃자람이 조금씩 있을 순 있습니다.

동향

아침 햇살이 한여름 빼고는 부드럽고 깊게 들어오는 곳이지요. 양지 식물을 제외하고 대부분의 관엽식물, 반음지 식물, 저녁부터 어둡게 단일처리를 해야 꽃을 볼 수 있는 단일식물들도 좋습니다. 남동향이라면 사계절 내내 가드닝하기 좋습니다.

서향

저녁 햇살이 깊게 들어오는 곳이지요. 관엽식물들 위주로 키우면 좋습니다. 여름철에는 늦은 오후의 해가 길고 뜨겁습니다. 남아프리카 출신들이나 페페로미아, 고무나무, 필로덴드론 종류들도 좋습니다.

북향

햇빛이 잘 들어오지 않지요. 밝은 음지에서 잘 자라는 산세베리아, 고사리, 틸란시아, 스킨답서스, 스파티필름, 싱고니움, 테이블야자 등을 추천합니다.

습도 조절, 가습 능력이 우수한 식물

아레카야자, 보스턴고사리, 대나무야자, 테이블야자, 관음죽, 스파티필름, 알리 고무나무, 휘커스 움벨라타, 드라세나 맛상게아나(행운목), 쉐플레라, 싱고니움, 디펜바키아, 극락조화, 파키라, 알로카시아

아이와 함께 키우기 재미있는 식물

몬스테라, 필레아 페페로미오이데스, 페페로미아, 리톱스, 코노피툼(축전), 호야 케리, 튤립 등의 구근식물, 박쥐란, 식충식물

교실 창가에서 키우기 좋은 식물

성질이 강건하여 물을 자주 챙기지 않아도 잘 크며 병해충이 잘 생기지 않는 식물, 여름·겨울방학의 더위와 추위에도 잘 버텨주는 식물, 짧은 시간 내에 덩치가 많이 커지지 않는 작은 포트 위주로 추천합니다.

- **빛이 잘 들어오는 곳(반양지)** : 칼랑코에, 산세베리아 등의 다육식물, 펠라고늄, 호야, 장미허브, 립살리스, 고무나무, 홍콩야자
- **빛이 덜 들어오는 곳(반음지)** : 고무나무, 홍콩야자, 관음죽, 개운죽, 스킨답서스, 보스턴고사리, 싱고니움, 테이블야자

반려동물이 있다면

반려동물과 식물을 함께 키우시는 분들이 점점 많아지고 있습니다. 그러나 동물에게 위험한 식물이 많다고 해서 선뜻 식물을 집에 들이기 망설이는 분들도 많으시죠. 개와 고양이가 섭취하면 위험한 식물을 알아볼까요? 식물의 액에 독성이 있으므로, 먹거나 잘린 단면의 액이 피부에 묻었을 때 이상 증세가 나타날 수 있습니다.

독성이 있는 식물

라벤더, 아잘레아, 베고니아, 수국, 국화, 데이지, 대부분의 구근식물들(튤립, 히아신스, 아마릴리스, 수선화, 백합), 펠라고늄(제라늄), 산세베리아, 알로에, 아가베, 크라슐라(염자), 칼랑코에, 아데니움, 유포르비아(포인세티아, 꽃기린, 일부 선인장이라고 유통되는 잘랐을 때 흰색 액이 나오는 식물), 천남성과(스킨답서스, 에피프레넘, 스파티필름, 몬스테라, 금전수, 필로덴드론, 안스리움, 알로카시아, 호말로메나, 토란, 싱고니움, 칼라디움, 아글라오네마, 디펜바키아, 아모르포팔루스, 칼라, 콩코 등), 유카, 드라세나, 대부분의 헤데라(아이비), 홍콩야자, 유칼립투스, 크리스마스로즈, 클레마티스, 커피나무, 콜레우스, 아스파라거스, 호스타

안전한 식물

허브 : 바질, 로즈마리, 레몬밤, 펜넬, 세이보리, 세이지, 딜, 타임

관엽식물 : 대부분의 야자류(아레카야자, 테이블야자, 켄차야자, 대나무야자, 주병야자), 관음죽, 종려죽, 아펠란드라, 고사리류(더피고사리, 보스톤 고사리, 아디안텀, 아비스, 박쥐란), 마란타, 호야, 페페로미아, 하이포테스, 아라우카리아, 팔손이, 독구리난, 아랄리아, 접란, 휴케라, 필레아, 달개비, 스웨디쉬 아이비

꽃식물 : 팔레놉시스(호접란), 거베라, 장미, 동백, 아프리칸바이올렛, 후쿠시아, 익소라, 페튜니아, 해바라기, 마다가스카르 자스민, 한련화, 백일홍, 해바라기

다육식물 : 게발선인장, 하월시아속, 에케베리아속

※ ASPCA(미국동물학대방지협회) 홈페이지를 참고하였습니다. 홈페이지에 가면 반려동물들에게 독성이 있는 식물, 안전한 식물들을 검색할 수 있습니다.

그린썸의 홈 가드닝 꼼꼼 안내서

초판 1쇄	2021년 04월 05일
초판 2쇄	2021년 05월 28일
초판 3쇄	2021년 11월 11일
초판 4쇄	2023년 12월 27일

지은이	김정민
발행인	김재홍
총괄·기획	전재진
디자인	김다윤 남충우
교정·교열	전재진 박순옥
마케팅	이연실

발행처	도서출판지식공감
등록번호	제2019-000164호
주소	서울특별시 영등포구 경인로82길 3-4 센터플러스 1117호(문래동1가)
전화	02-3141-2700
팩스	02-322-3089
홈페이지	www.bookdaum.com
이메일	bookon@daum.net

가격	18,000원
ISBN	979-11-5622-589-8 13520

ⓒ 김정민 2021, Printed in South Korea.

- 이 책은 저작권법에 따라 보호받는 저작물이므로 무단전재와 무단복제를 금지하며, 이 책 내용의 전부 또는 일부를 이용하려면 반드시 저작권자와 도서출판지식공감의 서면 동의를 받아야 합니다.
- 파본이나 잘못된 책은 구입처에서 교환해 드립니다.
- '지식공감 지식기부실천' 도서출판지식공감은 창립일로부터 모든 발행 도서의 2%를 '지식기부 실천'으로 조성하여 전국 중·고등학교 도서관에 기부를 실천합니다. 도서출판지식공감의 모든 발행 도서는 2%의 기부실천을 계속할 것입니다.